METAVERSO

CLAVES PARA ENTENDER EL NUEVO UNIVERSO VIRTUAL

FRANK MORENO

www.metaverso.guiaburros.es

Diseño de cubierta: © Marta Villarín (EDITATUM)

Maquetación de interior: © EDITATUM

Primera edición: mayo de 2022

ISBN: 978-84-19129-38-3

Depósito Legal: M-11511-2022

IMPRESO EN ESPAÑA/ PRINTED IN SPAIN

Si después de leer este libro, lo ha considerado como útil e interesante, le agradeceríamos que hiciera sobre él una **reseña honesta en cualquier plataforma de opinión** y nos enviara un e-mail a **opiniones@guiaburros.es** para poder, desde la editorial, enviarle **como regalo otro libro de nuestra colección.**

Sobre el autor

Frank Moreno es experto en Intraemprendimiento de la *European Commision.* Consultor, formador y *speaker* internacional, con más de 25 años de experiencia en entidades financieras (Caixabank, Banco Santander). También es capacitador para grandes empresas en Innovación y transformación digital y experto en tecnologías de datos (*Big data, small data...*). Además, es presidente y cofundador del Instituto Internacional de Intraemprendimiento.

Es coautor junto a Efrén Miranda y Agustín Ruíz de *GuíaBurros: Intraemprendimiento.*

Agradecimientos

Agradezco este libro a todas las personas creativas, inquietas, que desean aprender nuevas técnicas y tecnologías y sobre todo, curiosear sobre cómo será el mañana que vendrá. Gracias a ellos, el mundo y lo que nos rodea evoluciona.

Índice

Metaverso: ser o no ser

Tengo que comenzar esta pequeña guía (que algunos llamarán libro por su formato) con la asimilación al conocido **modelo de la goma elástica.**

Este modelo permite enfrentarse a cualquier dilema. Digamos que, por ejemplo, un familiar o amigo nuestro debe enfrentarse a una decisión transcendental. Nos valdría un cambio de trabajo, un cambio de país, un cambio de forma de pensar o cualquier otro que, en definitiva, suponga **transgredir nuestra zona de confort.** Evidentemente, sería un dilema, un gran dilema.

Como todo gran dilema que se precie, y con el objetivo de tomar una decisión —y no cualquier decisión, sino la mejor— deberíamos sopesar los aspectos positivos y negativos. O eso sería lo lógico, ¿no?

En este caso, y en muchos otros, podríamos aplicar el modelo antes citado, el de la goma elástica. Este modelo se basa en el binomio:

- ¿Qué cosas me impiden el sí?
- ¿Qué cosas me ayudan al sí?

Seguramente, de pequeños, habremos jugado muchas veces a la cuerda. De un extremo, unos niños y niñas tiran denodadamente de su parte de cuerda para conseguir que el otro extremo, donde también están otros niños y niñas sujetando su parte de cuerda, venga a nosotros, y por tanto ganemos el juego. Es un modelo de equilibrio, donde la fuerza bruta pero también la resistencia juegan un papel transcendental.

Si volvemos al modelo de la goma elástica, la decisión que tengamos que tomar ante un suceso, sobrevenido o no, dependerá en gran parte de un equilibrio entre lo que me sujeta para no dar el paso (tomar una decisión en contra del dilema) y de lo que tira de mí (las fuerzas que me ayudan a tomar una decisión a favor del dilema).

Y ahora, creo que se entenderá mejor el dilema que supone el metaverso como fenómeno social, cultural, empresarial, lúdico y en definitiva, **desafiante.**

No será la primera vez ni la última, que accedo a la querida (y en parte incomprendida y poco valorada) Wikipedia, para entender una definición. Y esta es la que nos ocupa, y da sustancia y valor a este relato.

Concepto de Metaverso

Efectivamente, la Wikipedia (que yo sepa no es un sistema robótico ni una inteligencia artificial que conozca absolutamente de todo) plantea una definición bastante lógica y práctica:

> "Los metaversos son entornos donde los humanos interactúan social y económicamente como avatares, a través de un soporte lógico en un ciberespacio, que actúa como una metáfora del mundo real, pero sin las limitaciones físicas o económicas allí impuestas. El metaverso generalmente está compuesto por múltiples espacios virtuales tridimensionales, compartidos y persistentes, vinculados a un universo virtual percibido".

A mí, como definición, me vale.

Si vamos a desentrañar el significado de la palabra, es muy fácil. Es un acrónimo compuesto por "meta", una palabra griega que se podría traducir por "más allá", y "verso", que hace referencia al concepto de "universo", por lo cual podríamos entender que viene a significar "el universo que está más allá". Ahora bien, no indica el tipo de lugar, ni mucho menos que sea físico estrictamente hablando.

Como otra nueva definición, también me vale. Sin entrar en las posibilidades que puede tener este segundo término en cuanto a connotaciones espirituales, místicas o mágicas, lo cierto es que lo sitúa, a priori, lejos de nosotros.

Lo que sí que tengo claro es que es un concepto tan ambiguo, que muy posiblemente en los próximos meses sea la palabra más buscada en Google o en cualquier otro buscador, intentando de alguna manera entender el concepto para así sacarle todo el provecho.

Ya en LinkedIn, a marzo de 2022, el hashtag **#metaverso**, apenas contaba con 2671 seguidores en esta popular red social profesional, muy lejos de otros *hashtag* como #inteligenciaartificial o #innovacion. Pero demos tiempo al tiempo…

Sin embargo, aquí está precisamente el quid de la cuestión, y es inevitable volver al principio: **¿el metaverso existe o no?** ¿Cómo podemos realmente asegurar que algo que es virtual existe de verdad? ¿En qué plano de consciencia o conocimiento? Y así, podría seguir escribiendo preguntas que crearían multitud de opiniones, y por tanto de conjeturas, sobre la realidad de un término y una definición que incluso la propia Wikipedia, como subtítulo en su definición, indica como "universo ficticio".

Por tanto, ya se da por hecho de que existe como universo, aunque quizá, solo en la mente de las personas que, por algún sistema técnico y tecnológico, lo comparten, lo usan y a su modo, lo construyen. De momento…

Debe de ser cierto, en todo caso, que el metaverso, si no existe ya (que creo que sí), lo hará en pocos meses. ¿Razones? Múltiples. La primera de ella tiene una fuerza aplastante. ¿Cómo es posible que un gurú de la tecnología como es Mark Zuckerberg, se arriesgue a cambiar una marca millonaria y planetariamente conocida como "Facebook" por "Meta", una nueva marca, pero en definitiva una apuesta tremendamente arriesgada? Parafraseando a Neil Armstrong (con todos los respetos), "un pequeño paso para el hombre, pero un gran salto para la Humanidad".

Mark Zuckerberg, en el evento virtual **Connect 2021** del pasado octubre, lo hizo público y por tanto le otorgó carta de naturaleza, bendiciendo el cambio y metiéndose de lleno en un campo ligeramente embarrado, del que puede hundirse, o por el contrario, salir muy reforzado. Y en parte tiene mucha razón. Su objetivo es llevar las redes sociales a un nuevo mundo paralelo (real, ficticio o mixto, en todo caso diferente) a un nuevo nivel de consciencia, por el que está dispuesto a arriesgar todo, incluso la escasa reputación que los expertos le otorgan.

El origen: *Snow Crash*

Neal Town Stephenson, escritor nacido en Maryland, EE. UU., tenía que tener pesadillas. Algo le debía rondar la cabeza, cuando hace 30 años, se le ocurrió escribir *Snow Crash,* un alegato de ciencia ficción, *ciberpunk,* informática y tecnología mezclado con no sé qué estilo. Este libro, que habría pasado ya de moda de no haber dado Mark Zuckerberg su "pequeño paso" hacia el Metaverso, se ha convertido en libro de culto, al menos no para entender el fenómeno que nos atraviesa de lleno en este año pospandémico de 2022, sino para establecer un vínculo lógico: por qué ahora, y por qué con esta inusitada fuerza. Curiosamente, el título de esta novela (inclasificable seguramente en cuanto a su catalogación técnica) alude a una especie de error informático en los computadores de la marca Apple; este fallo generaba el famoso "fin de la programación" que en España y en muchos países del mundo daba lugar a una falta de señal que se manifestaba con ruido y una especie de células grises, moviéndose a una gran velocidad, sin ningún sentido del movimiento, en aquellos televisores "muertos" sin color, y con una relativa escala de grises que generaba su emisión en blanco y negro.

Pero lo verdaderamente valioso de esta obra, a mi juicio, es lo que quería expresar: **el caos que provoca la falta de información** (infocalipsis en el libro). Una información que no es que no exista, sino que no la vemos, que está en algún lugar y se escapa a nuestro control, o al menos a nuestra vista o entendimiento. ¿Y dónde estaría esa información que no vemos? Sí, correcto. En un ciberespacio que bautizó como "Metaverso".

Claro, es evidente (o lo debería ser) que en estos momentos exista una cierta comparación nostálgica con Matrix, un metaverso letal donde tu vida corre peligro si eres desactivado o mueres en ese lugar, paralelo a la realidad de quienes luchan contra las máquinas en la famosa trilogía de las herman@s Wachowski.

Y creo que hay que darle un poco más de espacio a la novela de Neal, porque precisamente habla del "ser o no ser" de este ciberespacio que llamamos Metaverso. En la historia de *Snow Crash,* Hiro, un pizzero al uso en el mundo real, quizá alguien que debe trabajar para mantener su vida, pero que posiblemente no es feliz (vaya, no lo debe ser cuando quiere salir de su realidad), se convierte en un aguerrido samurai en el ciberespacio (metaverso). Sin echar en falta la componente emocional (Hiro conoce a una patinadora que trabaja como mensajera, TA) el núcleo de la trama plantea, a través del conocimiento de Hiro de un virus informático en el metaverso, la proyección de una imagen de ruido constante sobre los monitores, que afectan directamente a la capacidad del lenguaje de las personas que contemplan dicha imagen. Y claro, ahí está el malo de la película (mejor dicho, de la historia de la novela), Cuervo, al que rodean una serie de mitos, leyendas y magias relacionadas directa o indirectamente con Babilonia.

Pero otro de los fenómenos que introduce Neal, y con gran acierto, es el de "avatar", como imagen más o menos fidedigna de una persona en un universo virtual, internet, mediante una aportación directa a los famosos juegos de rol masivos conocidos como **MMORPG** (*Massively Multiplayer Online Role-playing Game*), traducible como "Videojuegos de rol multijugador masivos en línea", que son fundamentales para construir la historia del metaverso, principio y fin de la novela, o eso al menos quiero creer.

Snow Crash, se proclamó, con todo derecho, la novela de estilo *ciberpunk* más vendida de los años 90, todo un honor, me atrevo a decir, y también una heroicidad, en tiempos en los que internet era algo posible, pero no probable, y desde luego, en absoluto un negocio. Por algo es, con toda rotundidad, una de las cien mejores novelas en inglés escrita desde hace cien años, según la revista Time. Y eso son palabras mayores.

Si con este pequeño libro obtengo que tú, estimado lector, leas alguna de estas novelas de Neal Stephenson (a ser posible y por lo menos *Snow Crash*), me doy por pagado. A fin de cuentas, el conocimiento es valor, y en muchos casos incalculable.

Second Life

Pienso, aunque posiblemente me equivoque, que con un 90 % de probabilidades el metaverso será conocido o relacionado casi exclusivamente con el fenómeno de los juegos. Es decir, es como un videojuego virtual donde se pueden realizar otras muchas cosas. Pues sí, pero rotundamente no. Por supuesto, me voy a explicar.

Second Life fue (es todavía) una comunidad virtual lanzada hace ya casi 20 años, en junio de 2003, desarrollada por **Linden Labs,** con acceso gratuito a internet, y donde podrías (puedes aún) interactuar con otras personas y máquinas, de forma virtual e interactiva, es decir, **virtactiva.** De la mente de Philip Rosedale, un norteamericano al que saco dos años (San Diego, septiembre de 1968), salió este mundo ciberespacial, o mundo virtual Second Life ("segunda vida"). Aunque yo intuyo que quería decir "otra vida diferente", este emprendedor pensaba que había dado con la gallina de los huevos de oro. No obstante, recibir el premio **Emmy de la Ingeniería** por la creación de Linden Labs, vehículo y motor de Second Life, en su 59.ª edición, le hacían acreedor de un título de "padre o creador de la realidad virtual". Un hombre hecho a sí mismo, que mediante su ingenio y a la edad de 17 años, y mediante sus pinitos en los negocios de bases de datos, financió su carrera universitaria en Ciencias Físicas de la Universidad de California, San Diego. Ya solo por ello me quito el sombrero.

Pero no voy a hablar más de él, sino de Second Life. Para mí, es el inicio, incomprendido, del metaverso que ahora nos inunda por todas partes. Y ya está luchando, empresarialmente hablando, con Meta, para cogobernar el metaverso. Son muchos los objetivos que Second Life se plantea, y por tanto, difícil ante la dispersión el dar un golpe definitivo. Luchar por el trono del metaverso con Meta, vale, pero también tener que luchar con Apple y todos los que vendrán, más pronto que tarde, se antoja una ardua labor, no solo en tiempo, sino también en recursos.

La palabra es ***attraction*** ("atracción"). Cómo atraer, fidelizar, convencer, evangelizar y arrastrar a una comunidad de *metaversers* que estén ahí para algo más que jugar, ligar o descubrir mundos nuevos y atrayentes. Porque si algo se debe de hacer, desde cualquier plataforma que nos quiera vender el metaverso, su metaverso, es hacer olvidar que, en principio, es una utopía o un lugar al que acudir de vez en cuando, si disponemos de tiempo, ganas o simplemente, nos aburrimos y queremos saber "qué se cuece" en el metaverso.

Mientras a este universo meta (y los que vendrán) no se les atribuya valores realmente prácticos, positivos, y que generen satisfacción a todos los niveles, pasará como las RRSS: hoy son imprescindibles, pero tardaron casi diez años en ser una realidad, y no una moda pasajera que suele volver pasados unos años, a intentar ser el rey de las relaciones humanas, sociales, comerciales y empresariales.

Mobile World Congress

El pasado evento mundial del **Mobile World Congress** de la edición de marzo de 2022 ha sido un éxito. Después de la pandemia, parecía casi asegurado. Si te pregunto cuál ha sido la palabra más usada en el MWC 2022, ¿sabrías cuál ha sido? Efectivamente, "metaverso". De hecho, muchos hablan de Metaverse World Congress, dado que las experiencias y novedades sobre los dispositivos móviles han pasado sin pena ni gloria.

Algo ha cambiado en la mentalidad de las empresas, de los grandes fabricantes y distribuidores de productos tecnológicos y por extensión de tecnologías, cuando el metaverso ha sido el real indiscutible.

Y eso es así porque las expectativas alrededor de este mundo virtual no paran de crecer. Según las investigaciones y estudios de la consultora Garand View Research (GVR), el valor comercial de los metaversos (luego ya da por hecho que habrá muchos, sin especificar), alcanzará a lo largo de este 2022 la nada desdeñable cifra de 54 000 millones de dólares, solo en EE. UU.

Y es el metaverso en su formato de Web VR (realidad virtual sobre web) el que ha supuesto un verdadero estímulo. La prueba clara es la apuesta decidida de la necesidad de aunar esfuerzos y compartir recursos para llegar a liderar el mercado del metaverso, un mercado que algunos ya cifran en más de 800 000 millones de dólares para 2024 (Bloomberg Intelligence). La misma GVR afirma que, para 2030, el valor comercial que podrían tener los metaversos sería superior a los 675 000 millones de dólares. Cifras que impactan, aunque ya sabemos que pocos aciertan en sus conjeturas.

Meta (EE. UU.) y Telefónica (España) han dado el pistoletazo de salida para entrar en el metaverso, con una apuesta decidida por liderar su construcción y explotación. Por delante, inversiones millonarias para, y sobre todo, promocionar, sensibilizar y evangelizar sobre sus ventajas, beneficios y oportunidades. De ahí la creación del Metaverse Innovation Hub, donde se proporcione acceso, medios y ciertos recursos, a las *startups* colonizadoras del metaverso, con banco de pruebas y beneficiándose de las múltiples posibilidades de ambos colosos de la comunicación y los datos. Además, **Wayra,** el brazo ejecutor de las estrategias de crecimiento de nuevas *startups,* a través de Open2metaverse, quiere apoyar las mejores tecnologías que aporten valor y hagan escalar las innovaciones y disrupciones del metaverso.

De la parte oscura —que la hay— de momento no es necesario hablar. Es lógico, pero quizá contraproducente, porque todo tiene su parte positiva y negativa. En todo caso, parece una huida hacia adelante, quizá con lagunas, pero parece que con objetivos muy claros: **liderar el metaverso, crear nuevos productos, y llegar los primeros a esa tierra prometida** (virtualmente hablando, por supuesto).

Lo que es rotundo es la idea generalizada que ha marcado el MWC 2022: todo negocio tendrá que plantearse, más pronto que tarde, estar o no estar en el metaverso, dado que la evolución natural de la tecnología y de los tiempos parece ir en la dirección de conquistar esta nueva realidad, entre otras cosas, porque no tiene límites…

Ready Player One

Voy a finalizar este capítulo introduciendo tres películas de ciencia ficción, que, aunque tienen mucho de ficción, cada año que pasa se acercan más a ciencia que a ficción (bueno, quizá a la última sí que le queda un tiempo, el tiempo en que los extraterrestres vengan a este planeta y lo tomen por la fuerza, eso sí, sin que se note).

Ready Player One, RPO, fue una película de 2018 aclamada por crítica y público, producida y dirigida por Steven Spielberg. Y creo que no me equivoco, dado que, de un presupuesto de 175 millones de dólares, se obtuvieron unos ingresos globales de más de 583 millones de dólares.

En esta película, a la ciencia ficción se le añade **aventura y acción,** curiosamente dos aspectos que se consideran básicos para que el metaverso sea un éxito: que aporte una experiencia completa y global, entre otras cosas, misterio, aventura y algo de acción, aunque sea virtual, y a ser posible, un beneficio. Pero me voy a quedar con el libro, una novela de aventuras al más estilo Hollywood, mezcla de *Matrix* y *Avatar* (casi la síntesis del metaverso como hoy lo conocemos). Este libro plantea una dicotomía especialmente espeluznante: **el metaverso podría ser mejor que nuestra realidad.** Claro está que cada uno tenemos una realidad, y estoy convencido de que, para muchos, nuestra vida puede ser en algunos momentos especialmente aburrida y anodina, sin chispa, sin nada que lo cambie, y por tanto con una sensación de resignación que no a todos les gustaría mantener durante mucho tiempo.

Año 2044. WW (Wade Watts) es un chico a quien no le gusta su realidad (para ser honestos, a casi ninguno que haya visto la película le gustaría). Su tabla de salvación, su maná o su tierra prometida es OASIS, un mundo virtual del que verdaderamente se siente protagonista, con un propósito y, sobre todo, con una vida diferente, al menos de la que le ofrece su existencia real.

Y las reminiscencias al metaverso son continuas. Este juego, OASIS, esconde un tesoro de valor incalculable, pero en forma de enigmas difíciles de resolver, y que sin duda, para una mente preparada como la suya, puede ser el principio del fin de su poca agradable existencia. Como todo, también el metaverso de hoy tiene premio. Llegar el primero o al menos controlar ese mundo y moverse como pez en el agua, es una recompensa que en el corto y medio plazo puede generar muchos beneficios, y no todos tienen que ser de carácter económico. Obtener recompensas espirituales, ilusiones o motivaciones muy profundas en las personas, puede ser algo mucho más poderoso que el dinero. Al menos, *a priori.* Pero cuando WW descubre la primera parte del rompecabezas, del enigma, justo en ese instante se desata una "guerra" virtual en la que miles o millones de jugadores compiten por conseguir el trofeo, sea este el que sea. **El objetivo es ganar.**

Metaverso: ser o no ser, ese es el dilema. Pues probablemente sea así. Para que exista tiene que estar poblado de *metaversers,* de jugadores, de aventureros, de descubridores, y en definitiva de personas que deseen utilizar parte del tiempo de su existencia real en existir de forma virtual, con un objetivo. No importa el objetivo, sea hacer negocios, ligar, vivir una aventura o descubrir nuevos mundos viajando por zonas no reales, pero que a nuestros ojos virtuales se conviertan en experiencias, sensaciones o vivencias que ni en cien vidas reales podríamos vivir. ¿No es eso suficiente para que el metaverso sea una realidad? Puede que sí, puede que no. Lo veremos...

The Surrogates

Durante muchos años no había película de Bruce Willis que no visionase con expectación: acción, chulería, aventura, riesgo... Supongo que a muchos nos ha pasado. El tiempo pasa para todos igual, y sobre todo para los actores que, obviamente, no tienen el mismo rendimiento de juventud.

Pero como este libro no va de actores, tengo que hablar, por su paralelismo con el metaverso, de una película que me marcó especialmente: ***The Surrogates,*** también conocida en España como *Los sustitutos.*

En 2009 Jonathan Mostow dirigió a Willis en esta película llena de ciencia ficción. La sinopsis es muy sencilla: en el año 2017 (tampoco se fueron muy lejos), con la tecnología biocibernética como bandera de la evolución, las personas viven sus vidas por control remoto, desde la seguridad de sus casas a través de robots sustitutos.

Ciertamente, aquí se mezclan conceptos con el metaverso. En el metaverso tenemos avatares virtuales en 3D, más o menos configurables, que "viven" en esa realidad paralela o alternativa, según nuestros emociones, sensaciones, y por supuesto órdenes, dado que prácticamente es una extensión de nosotros mismos.

Y aunque la trama de este film no es 100 % aplicable al metaverso, puesto que los hologramas y las representaciones virtuales de nosotros mismos, de momento, no son materiales, sí que guarda un paralelismo con un modelo filosófico: vivo una realidad paralela, sin moverme del lugar, y dando rienda suelta a mis fantasías o todo aquello que suponga algo diferente, con libertad total (hasta cierto punto), donde las reglas son muy diferentes (vaya, que podríamos decir que no existen o que nos las podemos saltar con cierta facilidad).

Esto crea no solo una reflexión filosófica muy honda, casi de un transhumanismo esencial, sino quizá una paradoja difícil de entender, y por ello unas preguntas encadenadas muy necesarias: ¿existo en esa realidad paralela llamada metaverso? ¿Cómo se define el concepto "existencia"? ¿Tendría jurídicamente validez? ¿Es otro, soy yo, o somos ambos?

Quizá el que haya visto esta película piense en los peligros que supone dar rienda suelta al metaverso, sin un control, sin unas normas o sin unos protocolos que todos cumplan, al menos, como exigencia de una libertad controlada y no de un libertinaje, para no condenar al metaverso a una especie de *Far West,* donde lo que verdaderamente tiene valor es la rapidez en disparar.

Lo que está muy claro es que no se puede ser juez y parte. Veremos si el metaverso de los próximos años posee los mimbres de una nueva sociedad virtual que destierre, en la medida de lo posible, las miserias de los humanos, y no las transfiera innecesariamente a un lugar, de momento, puro. Ya veremos más adelante, el porqué de "puro".

Están vivos

Y termino este capítulo con *The live,* traducida como *Están vivos,* película de terror de 1988, dirigida por el admirado y valorado John Carpenter. Y sí, es de terror, pero la filosofía conductual gana por goleada al terror.

En esta película, John Nada, un vagabundo, llega a una gran ciudad norteamericana que por casualidad (algunos dirían que por destino, y por tanto causalidad) encuentra unas gafas de sol negras, las cuales permiten ver la verdadera cara de las personas.

El que no la haya visto, que la vea. Y el que la haya visto, que la vuelva a ver. Sin duda, es posible que la vea con "ojos diferentes". Claro, descubrir con las gafas que tanto los políticos como los hombres poderosos del país son extraterrestres, que mandan mensajes subliminales de obediencia, de no pensar y de acatar las leyes, es algo cercano a la locura.

El mensaje de la película es claro: esa raza alienígena, que rige esa sociedad, no quiere que pienses por ti mismo, así que no permitirá nunca que obtengas esas gafas especiales de nuestro protagonista, para entender la realidad, y por tanto querer cambiarla; en una palabra, para dejar de ser esclavo. Por tanto, los paralelismos entre este film y el metaverso son muy muy claros, amigo lector: primero, **las gafas.** Las gafas que en la película permiten ver la realidad que te rodea, en el metaverso te permiten vivir una vida diferente, la que tú quieras, sin control (aparente) según unas reglas preestablecidas, por una organización, sea la que sea, que te ofrece la oportunidad, por un precio x, de "vivir" una aventura, sea la que sea, durante el tiempo que estimes oportuno, o que te permita el *ticket* que hayas adquirido, mensual o anualmente.

Segundo, **la esclavitud.** No seré yo quien diga que internet, las RRSS o nuestros *smartphones* o móviles nos hagan esclavos de nada; quizá nos retiene en rutinas, costumbres o necesidades que nosotros hemos asimilado como imprescindibles. Lo cierto es que si el metaverso es un universo de posibilidades —que estoy convencido que lo es— también es un universo de opciones desde el punto de vista de la decisión. Si solo hacemos lo que nos gusta, seremos rehenes del metaverso; cuando este solo reclama oportunidades, nosotros lo tomaremos como una necesidad.

Si en los próximos diez años, las RRSS, los negocios, las empresas y nosotros mismos "vivimos" en esa realidad virtual, la convertiremos en realidad, ya sea virtual o no, y posiblemente perpetuaremos los mismos problemas, viciando un lugar que *a priori* es totalmente virgen, pero que con el tiempo, sin el debido control y normativa, dejará de ser virgen para convertirse en un mundo ultracompetitivo, donde solo gana el mejor preparado.

Y tercero: **el control.** ¿Quién controlará el metaverso? Esto no va de porcentajes. Me recuerda mucho a otra película, esta vez del Oeste, en la que unos granjeros llegan a una tierra prometida en esos carros donde llevaban toda su vida, familias enteras; desde en una línea de salida y tras el consabido disparo al aire, se emprendía una carrera por conseguir la mejor tierra donde echar raíces y vivir una nueva vida.

Desde luego, todo el que se ha puesto unas gafas de realidad virtual, experimenta una sensación muy parecida a la primera vez que vas a la ópera: o te encanta y te emociona a partes iguales, o la aborreces, no la entiendes o no te genera ningún sentimiento o sensibilidad para darle una segunda oportunidad. Quizá la diferencia más notoria con la ópera sea que esta tiene un tiempo corto de existencia, y el metaverso siempre estará ahí, y cada vez que entres a él será diferente, visitando un espectáculo musical, realizando una formación o comprando un terreno virtual a una v-inmobiliaria. Posiblemente, la comparación sea odiosa. Metaverso, ser o no ser. ¿Tú que piensas?

Para terminar, te hablaré de los cinco principios que parece que podrían explicar el metaverso, al menos desde un posicionamiento cognitivo. Como toda evolución humana (y la tecnología lo es), podemos aplicar estos cinco principios para confirmar por qué el metaverso tiene su razón de existencia:

1. Teoría de Lamarck.
2. Teoría de conjuntos.
3. Teoría de los universos paralelos.
4. Ley o principio de identidad.
5. Índice o valor de asimetría.

A continuación, vamos a detallarlos de forma sencilla.

Teoría de Lamarck

Esta teoría conocida como lamarckismo (Wikipedia) se refiere al modelo evolutivo formulado por el naturalista francés Jean-Baptiste Lamarck a principios del siglo XIX. En su libro *Filosofía zoológica* (1809), Lamarck propuso que las formas de vida no habían sido creadas ni permanecían inmutables, como se aceptaba en su tiempo, sino que habían evolucionado desde formas de vida más simples. Lamarck en su teoría propuso que la vida evolucionaba "por tanteos y sucesivamente", y que a medida que los individuos de una de nuestras especies cambian de situación, de clima, de manera de ser o de hábito, reciben por ello las influencias que cambian poco a poco la consistencia y las proporciones de sus partes, de su forma, sus facultades y hasta su misma organización.

Esto explicaría, en parte, la necesidad del ser humano de transcender en su modelo evolutivo de conocimiento. Este modelo evolutivo tomaría el metaverso como una "nueva forma de modelar la información". En 2022, el físico y doctor Melvin Vopson, publicó en la revista **AIP Advances,** una investigación que sugería que la información, como ente, tiene masa, y como tal debe considerarse la información como el quinto estado de la materia, por detrás (o por delante) de los estados sólido, líquido, gaseoso y el plasma.

No en vano, el ser humano es capaz de condensar 1,7 MB de información cada segundo. El experimento realizado en la Universidad de Portsmouth podría inferir que, en el metaverso, esta capacidad de almacenar información sería muy superior, dados los estímulos y sensaciones que los avatares podrían recibir cada segundo.

Teoría de conjuntos

La Wikipedia nos dice que la teoría de conjuntos es una rama de la lógica matemática que estudia las propiedades y relaciones de los conjuntos: colecciones abstractas de objetos, consideradas como objetos en sí mismas. Los conjuntos y sus operaciones más elementales son una herramienta básica en la formulación de cualquier teoría matemática.

La teoría de conjuntos se emplea habitualmente como sistema fundacional de toda la matemática, en particular en la forma de la teoría de conjuntos formulada Zermelo–Fraenkel con el **axioma de elección.** Este axioma de elección es muy interesante. En el metaverso, nuestro avatar, de momento, ejecutará (como una extensión natural) nuestros deseos, necesidades o acciones. Posiblemente, en los próximos años, con la evolución del metaverso y su posible "independencia" del mundo real, estos avatares podrían llegar a tener consciencia propia, es decir, a poder gozar de cierto nivel de independencia o de tomar sus propias decisiones. Sin duda, una paradoja donde la IA dura (inteligencia artificial) tendrá mucho que decir.

Además de su papel fundacional, la teoría de conjuntos también proporciona **el marco para desarrollar una teoría matemática del infinito,** y tiene varias aplicaciones en informática, filosofía y semántica formal. Su atractivo fundacional, junto con sus paradojas, sus implicaciones para el concepto de infinito y sus múltiples aplicaciones han hecho de la teoría de conjuntos un área de gran interés para la ciencia.

Teoría de los universos o mundos paralelos

Muchas series y películas de todos los tiempos nos han mostrado cómo sería un posible universo paralelo. La que más me impactó, sin duda alguna, fue *Fringe.* Sin poder escindir lo científico de la ficción, llega un momento en que ambos conceptos podrían hibridarse en uno solo.

Los mundos o universos paralelos identifican una hipótesis física en la que entran en juego la existencia de varios universos o realidades relativamente independientes. El desarrollo de la física cuántica y la búsqueda de una teoría unificada (teoría cuántica de la gravedad), conjuntamente con el desarrollo de la teoría de cuerdas, que han hecho entrever la posibilidad de la existencia de múltiples universos paralelos conformando un multiverso. Y ya tenemos una posible explicación científica a la necesidad de que este metaverso tenga una razón de existencia. Es muy conocida la paradoja cuántica del "gato de Schrödinger" como visión de la interpretación de los universos múltiples o paralelos.

De esta forma, cada evento involucra un punto de ramificación en el tiempo, y por tanto el gato está vivo y muerto (al mismo tiempo), incluso antes de que la caja se abra, pero los gatos "vivos" y "muertos" están en diferentes ramificaciones del universo, por lo que ambos son igualmente reales, pero no pueden interactuar el uno con el otro. De momento, el metaverso está creado para una interacción dividida entre humano y avatar, pero posiblemente los avances y la evolución de la tecnología podría ponerlos en planos de consciencia diferente o paralelos.

Ley o principio de identidad

El principio de identidad es un principio clásico de la lógica y la filosofía, por el que toda entidad es idéntica a sí misma. La forma más sencilla de identificar sería decir que Aristóteles es idéntico a sí mismo (a Aristóteles), el sol es idéntico a sí mismo, etc. El principio de identidad es, junto con el principio de no contradicción y el principio del tercero excluido, una de las leyes clásicas del pensamiento.

¿Qué relación podría tener con el metaverso? Sencilla. El ser humano tiene necesidad de salir de su espacio. Ya lo hace fuera de su planeta, en viajes espaciales (de momento no tripulados). Pero existen otras formas de viajar a nuevos universos, construidos por nosotros mismos o por máquinas, y es ahí donde el principio de identidad tiene toda la validez: seremos nosotros mismos allá donde estemos.

Índice o valor de asimetría

Tomando nuevamente como referencia la Wikipedia, podemos definir la asimetría como "una propiedad de determinados cuerpos, dibujos, funciones matemáticas y otros tipos de elementos en los que, al aplicarles una regla de transformación efectiva, se observan cambios respecto al elemento original. En estadística, el concepto de asimetría de una distribución indica la deformación horizontal de las distribuciones de frecuencia. Surge una discordia cuando no somos capaces de reconocer qué parte es la original de la asimetría. Que son iguales de los dos lados. En matemática se dice que una función no es par, cuando esta es asimétrica con respecto al eje y".

¿Y si el metaverso fuera el resultado de una asimetría? Sí, es un lugar virtual, pero existen unas reglas físicas que debemos de conocer e intentar respetar.

El metaverso, según todos los expertos, será un lugar muy especial, que podría llegar a tener sus propias reglas. De hecho, ya existe el conocido como **índice metaverso (MVI),** diseñado para capturar la tendencia de los cambios de entretenimiento, deportes y negocios que tienen lugar en sus entornos virtuales.

Morgan Stanley considera que este universo alternativo llegará a tener un valor de 7,08 billones de euros (unos 8 billones de dólares aproximadamente).

Otros informes señalan que los dispositivos en el metaverso valdrán 88 515 millones de euros (100 000 millones de dólares) en 2030, y su precio se multiplicará por cinco para 2040. Parece que el futuro del metaverso está asegurado, aunque su presente, de momento, tiene mucho camino que recorrer.

En febrero de este año, Coca-Cola lanzó la campaña *Real Magic.* En palabras de Manuel Arroyo (director de *marketing* de The Coca-Cola Company), "*Real Magic* no es simplemente un eslogan o una campaña: es una creencia y una filosofía de marca a largo plazo que impulsará y guiará el *marketing* y las comunicaciones en toda la marca registrada Coca-Cola".

Su lema: **si podemos sentirlo es que es real.** La pregunta, parece obvia: si llegamos a sentir o percibir sensaciones en el metaverso, ¿podríamos decir que es real? No es lo importante la pregunta, ni siquiera la respuesta. El reto es pensarlo detenidamente…

El futuro se escribe con M

Ciertamente, parece una obviedad que metaverso comienza por "m". Así es, pero existen otras muchas palabras más, que empezando por la letra "m", definen directa o indirectamente la existencia del metaverso. A continuación se indican, —más adelante se detallarán— estas diez palabras, a saber: miedo, moderno, magnético, movimiento, mixta, madriguera de conejos, maduración, mente, máscara y McNamara.

Diez palabras que, comenzando por la "m", nos ayudarán a entender de una forma más profunda el concepto, tomado como ecosistema de nueva evolución, que conocemos por metaverso.

Miedo

El metaverso genera miedos (fobias) y expectativas a partes iguales. Cuando hablo de miedo me refiero básicamente a desconfianza, en parte por un elevado grado de desconocimiento de las posibilidades y realidades que ofrece actualmente, y las que ofrecerá en los próximos años. Una desconfianza generalizada a estos aspectos, entre otros:

- **Seguridad,** básicamente en las transacciones y en la posibilidad de usurpación de personalidad, dentro y fuera del metaverso y los riesgos que ello conlleva.

- **Intranquilidad** porque sus datos sean utilizados con intereses comerciales y por tanto de negocio, consentido por nosotros o sin nuestro consentimiento.

- **Transparencia,** de manera que cualquier usuario o *metaverser,* pueda operar, interactuar o relacionarse con un modelo transparente de relacionarse.

- **Sistemas de regulación y normativos** que, mediante protocolos o estándares establecidos, aseguren un uso correcto de las acciones realizadas en el metaverso.

- **Dependencia,** leída como falta de independencia por un uso prolongado que genere una "metadependencia" a juegos, acciones o pasar el tiempo (demasiado tiempo) en un mundo virtual abierto de pocas o ninguna regla, y muchas posibilidades (sanas, y menos sanas).

Si ya de por sí estos elementos son un anti-estímulo o un impedimento para que el metaverso pueda ser un lugar ampliamente utilizado por sus usuarios, consumidores o clientes, hay que tener en cuenta que se necesitará una **"policía del metaverso"** que sea independiente, pero que a la vez se asegure de una serie de buenas prácticas que permitan eliminar este "miedo virtual" y mitigar de esta forma las retenciones, por cierto bastante lógicas, a todos los colectivos que puedan hacer uso de sus servicios, sobre todo a un perfil de usuario o consumidor menor de edad, que puedan sufrir acciones no deseadas y que suelen conllevar riesgos elevados de carácter social y que afectan a la integridad moral y personal de colectivos sensibles a estos nuevos mundos virtuales. Por otro lado, se espera también una **oleada de nuevos modelos de gestión** de la sicología del comportamiento de los usuarios del metaverso, dado que, poco a poco, podemos desarrollar dos personalidades distintas: la real, la que percibimos en nuestra realidad natural, y la que desarrollamos en el metaverso, quizá intentando escapar de nuestra realidad vivida, y así, como una antítesis, querer ser algo totalmente diferente a lo que somos, lo que no crea pocos interrogantes. Este metasicólogo, sin duda será un rol altamente valioso y valorado en este nuevo mundo virtual.

Moderno

Cuando hablamos de "moderno", me estoy refiriendo a algo "tecnológicamente avanzado". Es algo perfectamente comprensible que la tecnología avanza poco a poco, pero que los estándares de la industria tecnológica van a una velocidad muy diferente a la de los productos y servicios que esta industria proporciona, de manera que quien crea la tecnología, cuenta con su control, y realmente nunca lo llega a perder.

Y aunque no es una "m" que vayamos a definir como una "m" del metaverso, está íntimamente relacionada con "moda". Lo que está de moda se lleva, se necesita, y más pronto o más tarde, se acaba por asumir. Aunque ahora el metaverso es un goteo, un desembarco sobre todo de grandes compañías multinacionales como actores principales de este universo o ecosistema, poco a poco se irán sumando *influencers, ambassadors* y todo tipo de profesionales con miles o millones de seguidores a sus espaldas en redes sociales, que irán desembarcando en el metaverso.

No sabemos cuándo llegará ese **día D,** pero lo que está claro es que no a mucho tardar, a juzgar por la rapidez con las que corporaciones y compañías de todo el mundo y de diferentes sectores, han dejado de ver al metaverso como una curiosidad y algo de moda, pasajero, para verlo como una realidad incontestable, muy lucrativa, donde el primero que llega tendrá muchas más oportunidades, y por tanto, necesita hacerlo cuanto antes.

Magnético

El metaverso no es solo una interacción o una inmersión en un ciberespacio con multitud de estímulos y sensaciones diferentes, rodeándonos casi de forma constante. Uno de los objetivos de este mundo virtual, el metaverso, es sentir más o menos de forma similar a cómo sentimos en la vida real.

¿Es esto posible? Meta cree que sí. El proyecto **ReSkin** (una "nueva piel", como traducción directa) pretende crear una piel artificial que nos permita sentir objetos del metaverso. Y debemos de darle una cierta credibilidad, máxime si viene con el marchamo (sello) de la prestigiosa **Carnegie Mellon University.** Ese objetivo pasa por dotar de una experiencia o sensibilidad sensorial, que nuestro cerebro interpretará mecánicamente como una sensación real (o casi) de lo que toquemos en el metaverso. Este ReSkin es una piel sintética sí, pero su singularidad (membrana plástica de unos 3 mm de espesor) es una revolución en sí misma, al estar dotada de partículas magnéticas. Estas, en contacto con la piel, generarían un campo electromagnético que permitirían transmitir una sensación cercana al contacto y la presión. Adiestrando la IA que incorpora este avance científico-comercial, con unos cien toques humanos, podría establecerse un sistema cognitivo para establecer el campo magnético necesario para una sensación vívida, casi natural.

Igualmente, la tecnología sería perfectamente aplicable a los sistemas de los **guantes hápticos,** que son aquellos que permiten "tocar" los objetos en la realidad virtual, y el metaverso no es sino una realidad virtual 3D e inmersiva.

Pero también utilizo la palabra "magnético" para establecer una conexión entre nuestra realidad y la nueva realidad virtual que ofrece el metaverso. Un uso más o menos continuado, siempre y cuando se establezcan unos objetivos claros de utilización que no supongan una elevada dependencia del metaverso, actuará como una especie de imán: volver allá donde dejamos una actividad virtual, pensando que volveremos a retomarla, o incluso mejor, que será totalmente diferente.

Este magnetismo también se puede asimilar a atracción, una atracción que puede ser muy fuerte según nuestro estado de ánimo, reacciones o necesidades. Quién sabe si determinadas personas podrán obtener rasgos humanos (como el cariño, la aventura, la amistad...) que por cualquier causa no pueden tener en la vida real. Casos más raros se han visto, y si no que se lo pregunten a Akihiko Kondo, un japonés de 37 años que en noviembre de 2018 tuvo la feliz idea de ser el primer hombre en contraer matrimonio con un holograma. Sí, sí, con un holograma. Se casó en Tokio, y él y su querida esposa holográfica (qué mal suena, lo reconozco) son muy felices. Ahora bien, hay un matiz importante: su "esposa" no es cualquier holograma, sino que es una famosa cantante (virtual, por supuesto), del grupo Vocaloid, Hatsune Miku.

Y no estamos muy lejos de que la tecnología nos acerque este mundo de hologramas. Será el internet acoplado a nuestro cuerpo, a través del 6G, una hiperrevolución del fallido 5G, donde se incluyen hologramas de alta fidelidad y tecnologías de Réplica Digital/Gemelos Digitales para replicar personas, dispositivos, lugares y más. Un holograma de alta fidelidad de tamaño humano requiere velocidades de varios Tbps, según la firma Samsung. Este 6G puede ser construido sobre las capacidades de la IA, afirmando que esta puede ofrecer un consumo reducido de energía, predecir y arreglar problemas de red, etc.

Lo que desconozco es si el viaje de novios de Akihiko y Hatsune fue real o virtual...

Movimiento

El movimiento se demuestra andando. No podemos decir que en el metaverso podamos todavía sentir los valores saludables de correr, andar o volar incluso, pero lo que sí es evidente es que nos moveremos, y mucho.

Pero también será un movimiento en todos los sentidos. Desde hace más de veinte años hemos tenido la posibilidad de jugar en modo multijugador a través de internet. Quién no recuerda aquellos juegos, de hace apenas siete o diez años, donde podías pilotar aviones, helicópteros, coches superespectaculares, yates o cualquier otro objeto en movimiento que el universo del juego te permitiese utilizar, o su código fuente editar, para así crear tus propios modelos. Pues el metaverso es un poco eso, pero mucho más que eso. Independientemente del uso de la tercera o primera persona en una experiencia de juego virtual, con el metaverso podrás sentirte mucho más cerca, de sentir de una forma casi real los mandos de un helicóptero, de un avión, o el suave tacto de seda del volante de un Lamborghini.

Esa experiencia sensorial de la que hablaba antes de la mano de Meta, es sin duda una aportación casi rotunda y definitiva para diferenciar el metaverso de cualquier experiencia virtual. Es más, me atrevo a decir que aprender a pilotar un avión o un helicóptero en el metaverso podría ayudar, por ejemplo, a nivel de capacitación para futuros pilotos (si la Inteligencia Artificial lo permite, por supuesto).

Mixta

¿Con qué podríamos asociar este término? A más de uno (hombre o mujer indistintamente y con cierta inclinación a la cerveza) le recordaría la marca de una cerveza ciertamente apetecible, según qué momento. Pero no.

Hablamos realmente de **realidad mixta.** Los ingenieros de **Apple** ya están hablando de una gafas de realidad mixta para este mismo 2022, aumentada en 2025 y lentes de contacto para 2030. Evidentemente, la tecnología avanza de forma continua y es casi imparable. Por supuesto, tendremos que ajustarla a la situación del metaverso, es decir, a la mayor o menor demanda de dispositivos para su uso, pero tanto las gafas como los cascos de realidad mixta parecen que son una pieza fundamental en la inmersión en este nuevo universo virtual.

Estas gafas serían similares a las Hololens de **Microsoft** o los Oculus de Meta. Con ellas, se puede sentir esa sensación "mixta" o "híbrida" de la realidad virtual y de la realidad aumentada con la combinación casi perfecta de cámaras y lentes transparentes.

Eso sí, parece que su precio será prohibitivo, unos 1000 dólares. En este sentido, el éxito del metaverso puede venir casi fundamentalmente del precio de los dispositivos. Si se acercan al público objetivo y se "democratiza" su uso, bajando a costes menos dolorosos al bolsillo, es muy posible que se produzca un *boom* de compras y por tanto, de nuevos usuarios del metaverso.

Lo que parece bastante coherente es que la nanotecnología (pantallas minúsculas integradas en lentes de contacto para 2030) está marcando hacia donde se moverá la industria de dispositivos en los próximos años, acercando cada vez más el metaverso a nosotros.

Madriguera de conejos

"Si tomas la pastilla roja, te quedarás en el País de las Maravillas y yo te enseñaré hasta dónde llega la madriguera de conejos". Esta famosísima frase del cine, concretamente de la película *Matrix,* e inspirada en la novela *Alicia en el país de las maravillas,* habla de la madriguera como el mundo real que Morfeo quería enseñar a Neo.

Pero la verdadera pregunta sería, ¿hasta dónde llega la madriguera de conejos? Es fácil atribuirle al metaverso una profundidad similar a lo que Morfeo quería enseñar a Neo. ¿Por qué tenemos que vivir en un mismo metaverso? ¿Qué ocurrirá cuando cada persona u organización quiera construir su propio metaverso? ¿Habrá algún tipo de asociación de promoción de metaversos? ¿Algún modo o sistema de "parcelar" por áreas, temáticas, modelos de negocio o realidades alternativas?

Sí, de acuerdo. Son muchas preguntas y casi todas sin contestación inmediata. Bueno, no todas, la última sí que podríamos contestarla. Está claro que cada uno podremos tener nuestro propio metaverso (un rincón para nosotros y nuestros amig@s, tribu o comunidad) y luego otros para socializar, estudiar, divertirse o buscar pareja. Ya me imagino una especie de "First Metadates", donde existan miles de parejas buscando su media naranja, en un lugar especial para cada uno de ellos.

¿Y qué quiere decir esto? ¡Pues muy fácil! Que las posibilidades son enormes, tantas como creatividad e imaginación tengamos en construirlas.

Por lo tanto, la madriguera de conejos estará en cualquier lugar de ese metaverso que decidamos crear. Más tarde veremos cómo, pero lo que es casi seguro es que en pocos meses tendremos en nuestras manos (o mejor dicho en nuestros ordenadores) un "Kit de construcción de metaversos" por 99 $ (al principio será más caro, por puesto, como novedad). Luego la evolución de la nube de internet nos permitirá crear nuestros propios modelos de metaverso con editores *plug and play.*

Posiblemente Meta pegue (o haya pegado) el primer golpe, pero los grandes *players* (nunca mejor dicho) de Decentraland, Roblox y algunos más, están generando y creando actividades en el metaverso que permiten fidelizar a un público entregado a las nuevas sensaciones que constituyen este nuevo universo virtual.

¿Ya estás pensando en crear tu propia madriguera de conejos? Pues primero de todo, piensa dónde están los conejos...

Maduración

A día de hoy, ya es difícil generar nuevas sensaciones publicitarias o de *marketing* que supongan un cambio espectacular, no solo en el mensaje, sino en la forma de transmitirlo. Sí, podemos comprar un coche por una red social y pagar con una criptodivisa, como Bitcoin, pero da la sensación de que, salvo el impacto inicial de la noticia, en pocos días todo vuelve a la normalidad, y de ser una noticia altamente impactante, se pasa a una posición de "esto tenía que pasar", casi como una consecuencia lógica de unir la tecnología a un tipo de negocio o nicho de mercado.

La realidad actual está muy madura. Es por este motivo que anunciantes y publicistas, ante la sofisticación de la tecnología y la irrupción de nuevas tendencias en el mercado publicitario, buscan nuevas formas (reales o virtuales) de seguir impactando a un público objetivo, por lo que tanto la inteligencia artificial como el metaverso se han convertido por méritos propios en una evolución natural del modelo, de manera que ambos van a cambiar de una forma definitiva la comunicación comercial del futuro más rabiosamente presente. Vamos, que ya lo están empezando a hacer, y queda mucho por ver. Apenas se ha arañado el 1 % de las posibilidades que estas tecnologías híbridas pueden proponer a estas empresas.

Un ejemplo. En la última reunión de la Asociación de Anunciantes de España (AEA) de este mismo año 2022, los participantes han recogido una pléyade de tendencias y evoluciones que piensan que serán especialmente potentes e impactantes para una nueva forma de comunicación comercial. Como modelos ya maduros siguen estando la computación ambiental, la AR (realidad aumentada), la realidad virtual (VR) o los asistentes de voz.

¿Y si te pregunto cuál es la principal tecnología en la que confían los anunciantes y publicistas con más recorrido los próximos años? Te dejo pensarlo. Tic, toc, tic, toc. ¡Correcto: el metaverso!

Y curiosamente, la mayor parte del impacto del metaverso en cuanto a las estrategias publicitarias y de *marketing,* irán a conseguir unas mejores métricas y un mayor control de todo el circuito y ciclo de vida de esas campañas. Pero no cualquier métrica, sino "métricas inteligentes" que en el metaverso estarían constituidas con sensores biométricos (un tipo de IoT avanzado) que permitirían un grado de conocimiento del impacto en el cliente, casi próximo al 100 %. Estas métricas se comunicarían entre sí. Toda una revolución, puesto que permitirían un retorno de la inversión publicitaria (ROI) muy importante. Además, las nuevas herramientas de visualización apoyadas en *big dataverse,* facilitarían un aprendizaje inteligente de las propias campañas en el metaverso, tomando así decisiones más acertadas y rentabilizando aún más sus importantes inversiones publicitarias, las suyas y las de sus clientes. Y es aquí, en el metaverso, donde se empieza a jugar esta nueva "guerra" comercial, ultracompetitiva. Este nuevo mundo, 100 % virtual, permitiría ofrecer soluciones creativas de altísimo impacto a las marcas y a las consultoras publicitarias, casi irreales apenas unos cuantos años atrás. Pero seamos mucho más concretos. Los expertos vaticinan para 2030 que gran parte de la población ya estará en el metaverso, con una tecnología de posibilidades infinitas, y además con importantes retos de desarrollo y múltiples objetivos. No se habla de cuánta población estaría en esa fecha en el metaverso (podrían ser millones o cientos de millones). Quizá la cifra sea lo de menos. Lo verdaderamente importante es el impacto. Facebook (ahora Meta) empezó con unos cuantos miles de usuarios. Hasta hace un par de años, la cifra superaba los 3 000 millones de usuarios. Algo así como "tonto el último".

Si Zara, Nike o H&M ya están en el metaverso, algo habrán visto. Porque además, lo nuevo no se vende en el mundo real, sino en el metaverso. Nuestros avatares usarán ropa más "chula" que nosotros mismos. Ya empiezo a odiar a mi avatar...

Pero la maduración también habla de sostenibilidad. El ritmo de crecimiento de las miles y miles de toneladas de ropa y complementos empieza a ser un problema. En esa transición medioambiental y ecológica, al menos en este sector, el metaverso será el "bueno" de la película.

Mente

Mente. Si vamos a cualquier diccionario, el significado de "mente" podría ser "conjunto de capacidades intelectuales de la persona", pero también apoyado en "parte del ser humano en la que se considera que se desarrollan estas capacidades".

Ambas definiciones me vienen perfectamente, jugando con dos conceptos: capacidades intelectuales y ser humano. ¿Cómo dirías que el metaverso puede acelerar o multiplicar esas capacidades humanas? Ya no veamos el metaverso como un lugar solo virtual, puesto que aunque estemos en él no físicamente, nuestra mente sigue trabajando y acumulando experiencias.

Si ya el concepto de metaverso es ciertamente novedoso, aunque ya estaba posiblemente creado con otro nombre, lo que sí es evidente es que este metaverso tendrá capacidad de pensamiento propia. Me explico. Si pensamos que el metaverso, en principio, no tiene límites, el límite lo pondrá el ser humano, léase personas físicas en entornos virtuales hiperrealistas. La capacidad de aprendizaje de la que dispondrán nuestros avatares se multiplicará casi de forma inconsciente, y más cuando en ese entorno virtual podamos apoyarnos en todo lo que nos rodea para aprender y reaccionar.

Lamento volver a las comparaciones con las películas del capítulo anterior, pero es difícil resistirse a *films* que parecerían perfectamente ambientados en el año 2022, si no fuera porque fueron concebidos y filmados en los años 80, 90 y 2000. La película a la que me refiero es *Johnny Mnemonic,* de 1995, con un algo histriónico papel para Keanu Reeves. En el año 2021, Johnny es el mensajero de información que lleva los datos más importantes del siglo XXI implantados en su cerebro.

Tomando esta teoría seudocientífica, que sin embargo Elon Musk con su empresa Neuralink pretende que sea real en pocos años, no sería de extrañar que nuestras capacidades se multiplicaran, no solo de procesar información y datos, sino de utilizarlos en ese nuevo entorno virtual, el metaverso, permitiendo un número mayor de acciones e interacciones y aprendiendo de ellas, además de procesarlas y almacenarlas.

Luego la mente, nuestra mente, ocupa un lugar de privilegio en el metaverso.

Máscara

Ciertamente no será necesario utilizar una máscara para vivir, comunicar y expresarse en el metaverso. Pero por otro lado, es muy posible que no todos queramos o podamos expresarnos como somos. ¿Qué quiero decir?

Si el metaverso es un lugar virtual donde "viviremos" el tiempo que queramos (o podamos) en los próximos años, compartiendo parte de nuestros recuerdos naturales, lo cierto es que seguramente queramos ocultar lo que somos en la vida real, y dar rienda suelta incluso a nuestros instintos más primitivos o nuestros deseos más profundos. Me refiero a tomar, como en los juegos, un rol muy diferente al que somos realmente. ¿Quién no ha querido ser un *sheriff* del oeste y batirse con los villanos más depravados y ruines, o volar en una nave o cohete para desbaratar un plan maquiavélico en Marte, algo así como quería hacer Arnold Schwarzenegger en *Desafío Total* hace ya la friolera de 32 años? —Vale, prometo no citar ninguna película más (ojo, salvo que sea absolutamente necesario)—.

Lo curioso que la piel o la máscara pueden ser atributos con los que experimentar ese metaverso. Meternos en la piel de un policía, un contrabandista, un espía o un 007. ¿Y si eso estuviera a nuestra disposición por unos cuantos euros o dólares? Creo que sería muy difícil resistirse a no llevar máscara.

McNamara (la falacia)

La última "m" es para la conocida como la "falacia McNamara". Robert McNamara fue secretario de Defensa de Estados Unidos desde 1961 a 1968. Desarrolló su teoría de la falacia como una manera de dar una explicación a la derrota de EE. UU. en la guerra que mantuvo con un pequeño país, Vietnam. Su teoría parte de estas cuatro afirmaciones:

a. Cuantificar lo que es medible de una forma sencilla.
b. Despreciar lo que no es fácilmente medible.

c. Asumir que lo que no es medible y cuantificable no es importante.
d. Por tanto, asumir que lo que no es cuantificable, no existe.

Bajo este axioma de las cuatro afirmaciones, los axiomas no cuantificables y por tanto tomados como de escasa o nula importancia, fueron el resentimiento nacional del pueblo vietnamita, el deseo de independencia y la moral elevada en la guerra de guerrillas que tan hábilmente construyeron contra el ejército norteamericano.

Vale, y ahora, ¿qué tiene que ver esta falacia con el metaverso? Pues te lo explico, por supuesto. Sirve para medir las dos principales afirmaciones sobre el metaverso: una, que no tendrá éxito porque nadie le dará el valor que puede tener; y dos, que será un éxito en cuanto exista un número significativo de usuarios que, de forma consciente o inconsciente, atraigan a miles y miles de usuarios, como lo hizo Facebook en su momento, o más recientemente, Tik Tok.

Ese **factor de arrastre o tracción** es el principal valor. Medir por tanto el uso habitual, con todas sus métricas del metaverso, y las oportunidades, ventajas y beneficios que vaya suponiendo, con las empresas que ya están allí, esperando al 99,99 % de sus clientes. De esta manera, cuantificando, podremos concluir que existe, midiendo cómo impacta al usuario y al propio metaverso. Fácil no es, pero las herramientas sí las tenemos.

Oportunidades, beneficios y ventajas de estar en el metaverso

Es evidente que cualquier producto o avance tecnológico necesita un período de maduración. El metaverso no escapa a esta regla no escrita.

Para que un nuevo avance o mejora tecnológica tenga el respaldo del público o del mercado para ser más exactos, es imprescindible que venga de la mano de un *momentum* especial, en el momento adecuado, ni más tarde ni más temprano, o dicho avance no llegará a fructificar.

Lo mismo pasó con los vehículos eléctricos hace unos quince años. Nadie apostaba por ellos por diferentes motivos, principalmente el precio final, dadas las tecnologías que había que habilitar y los muchos frenos que en ese momento impedían su avance y consolidación.

Algo similar pasa con el metaverso. ¿Cuál podría ser el principal obstáculo para no se produjese su éxito en los próximos meses? La propia Meta lo indica a través de su vicepresidente de conectividad, Dan Rabinovitsj que indica que "las redes de conexión, fijas y móviles, todavía no están a plena potencia, lo que daría una imagen equivocada de la potencialidad del metaverso".

Incluso el propio Mark Zuckerberg, hace apenas unas semanas, comentaba ante un círculo experto que "era necesario un empuje masivo en conectividad, unido a un verdadero sentido de presencia en los mundos virtuales de organizaciones y empresas, y un impulso en la adquisición de dispositivos como gafas inteligentes y auriculares VR para que el metaverso sea un éxito".

Lo que es evidente, y no resta fuerza alguna al empuje del metaverso, es que todo lleva su *tempo.* Por otro lado, no son pocos los expertos que señalan que el metaverso, a día de hoy apenas es "una mala copia de Second Life". Y en parte tienen razón. Este metaverso que ahora parece la piedra filosofal de los negocios del siglo XXII, ya estaban presentes, en forma lúdica y experiencia *gaming,* en juegos como Fornite o Minecraft. Pero claro, hablamos de juegos como experiencias virtuales en comunidades, pero para una comunidad de millones de jugadores que interactúan en diferentes metaversos, por hablar del entorno virtual del juego, no en un único espacio con múltiples posibilidades. La apuesta del metaverso va mucho más allá de una experiencia lúdica. Quizá por eso, hasta el momento, ha sido considerada como una apuesta menor, puesto que el negocio se ha circunscrito únicamente al universo de los juegos: compra de *skins* virtuales, retos en el ciberespacio del juego y alguna experiencia sensorial más. El metaverso es otra cosa. Muy, muy diferente. Lo que pienso es que todavía no ha despertado la suficiente curiosidad e interés entre el público general para considerarlo una alternativa real al mundo real.

El MWC 2022 celebrado en Barcelona, España, ha ido de metaverso. Y eso es así, porque parece que la oferta tecnológica de dispositivos móviles no ha estado a la altura. O simplemente no puede ofrecer algo más novedoso. Ni siquiera el 5G ni el 6G, que ya está las puertas, ha prometido experiencias únicas, más allá de descargas más rápidas y más potencia de señal.

Pero algo está cambiando. El presidente de Telefónica, Álvarez Pallete, ha anunciado la ya comentada alianza con Meta. Para sustentarlo han creado el MIH, Metaverse Innovation Hub, en Madrid en este 2022. Eso es toda una declaración de intenciones y una forma inequívoca de atraer a empresas y *startups* a innovar en el metaverso, en un espacio virtual sin límites. Ahora bien, todavía falta lo más importante: crear interés, atraer y ofrecer una experiencia única. Lamentablemente, eso no ha pasado todavía, y tardará un tiempo en pasar (en el mejor de los casos, meses).

Sin embargo, los detractores del metaverso pueden haber errado el tiro. La compañía coreana SK Telecom, también presente en el MWC 2022, ha apostado por conciertos en realidad virtual, grandes LEDs y un montón de avatares en movimiento. Y lo ha puesto de manifiesto con una plataforma *ex profeso*, **Ifland,** donde los usuarios pueden acceder a distintos mundos virtuales con diferentes avatares y utilizar ciertos servicios añadidos —el más interesante, de **Social VR**— para interactuar a través de gafas de realidad virtual.

Como bien explicó en el mismo evento de Barcelona Michael Trabbia, CTO de la compañía de telecomunicaciones Orange, "el metaverso no es solo realidad virtual y 3D". Incluso la consultora internacional Accenture, presentó *stand* propio. Entre sus informes se encuentra uno especialmente interesante: "El mercado del metaverso en 2028 superará los 800 000 millones de dólares. Hemos apostado por la plataforma Nth Floor para atraer a empresas, y que se unan a una experiencia de participación inmersiva desde nuestro metaverso".

Las *startups* tecnológicas también están ayudando al despegue primero y consolidación después, del metaverso. Como ejemplo, **Kreemo,** que ha presentado una antena con cobertura 360º optimizada para el metaverso. Puesto que la conectividad parece ser la piedra angular de este universo virtual, si bien son productos que tardarán en consolidarse en el mercado y crecer adecuadamente, son elementos significativos de la apuesta de las nuevas empresas en este entorno virtual.

De la mano de fabricantes como el taiwanés **HTC,** vienen los nuevos móviles de gama alta casi construidos para el metaverso, por su potencia y capacidades. Es posible que uno de los elementos que sirvan para dar un golpe sobre la mesa desde el punto de vista de la adopción generalizada del metaverso, sea muy similar a lo que se experimentó como estrategia hace ya veinte años con los móviles: regalar los terminales para que el servicio mensual y la fidelización del cliente hiciera que las inversiones fuesen rentables.

Quizá si se regalasen los dispositivos o se periodificase su alto coste, sobre todo para el segmento joven, el metaverso podría ser una realidad mucho antes de lo que se espera.

Hasta el momento, se ha citado lo que se puede considerar poco positivo o incluso negativo del metaverso. Pero el título de esta capítulo gira sobre **oportunidades, beneficios y ventajas de estar en el metaverso.** Pues vamos con ello.

Para ser serios, casi los tres conceptos indican lo mismo. Sin embargo, hay matices. Por **oportunidades** debemos entender las opciones y posibilidades, sobre todo de carácter cualitativo, que puede generar una oferta comercial o incluso solo testimonial (presencial) de estar en el metaverso. Y esto es muy diferente a estar en una red social como Facebook-Meta, solo por estar, puesto que, *a priori,* no tiene por qué generar ninguna oportunidad específica.

El metaverso es otra cosa. Tener un *stand,* ofrecer servicios, productos, que se puedan adquirir con una criptodivisa, crear líneas de productos personalizadas para los clientes, o incluso mejor, que ellos se las puedan crear con total naturalidad, libertad o comodidad, son clarísimas oportunidades que ofrece el metaverso. El *marketing* que creará en los próximos meses y años el metaverso (mejor dicho, las empresas que empiezan a estar presentes) podrían atraer significativamente a grupos y comunidades de potenciales clientes, atraídos por una oferta fresca, diferente y novedosa, más allá de lo que las redes sociales en nuestra realidad material nos pueden ofrecer.

En el *remake* de *Desafío Total* de 2012 (sí, lo sé, mentí al decir que no iba a utilizar ninguna referencia a películas para explicar el metaverso) se ve una escena en la que un cartel anunciador en vídeo, reacciona ante el paso del protagonista de la cinta, Colin Farrell, como si de un anuncio personalizado se tratase.

¿Qué pasaría si las campañas de *marketing* del metaverso, a través de las herramientas tecnológicas más avanzadas como IoT, Big dataverse e IA, con poderosos algoritmos, y los dispositivos 3D pudiesen "reaccionar" ante cada usuario o transeúnte en un espacio determinado, una estación de tren o un aeropuerto? Algo así como: "Sí, tú".

Si la tecnología, los dispositivos y las herramientas de producción de contenidos y *marketing* pueden trabajar al unísono, en la misma dirección, podemos encontrarnos ante la verdadera revolución del siglo XXI: una oferta realmente personalizada, según nuestras necesidades, gustos o valores. Se terminaría de una vez por todas con el "café para todos" con que las empresas, en general, siguen a día de hoy bombardeando a sus clientes.

Y creo que convendrás conmigo con que eso, querido amig@, es la verdadera revolución que está por venir.

Y llega el esperado capítulo de beneficios. Ahora sí, me voy a referir a la parte cuantitativa, el rendimiento, el beneficio, el margen y el valor añadido y agregado de apostar por el metaverso, sin fisuras, con contundencia y con estrategia ganadora.

Beneficio:

¿Cómo se puede medir el beneficio en el metaverso? La pregunta tiene su dificultad, pero no la respuesta. Un axioma generalmente aceptado indica que el beneficio depende de múltiples factores, entre ellos: **inversión, oportunidad, tiempo y coste.**

Si hablamos de inversión, la apuesta parece clara. Y digo apuesta porque pocas empresas creen realmente que el metaverso será un éxito rotundo los próximos años. No se conquista Zamora en una hora. Esa inversión debe ser constante, periódica, estratégica y sobre todo relevante en el tiempo. Si le añadimos al menos una oportunidad para una organización, que genere notoriedad, publicidad, imagen de marca, nuevas líneas de negocio y evolución estratégica, nos estamos acercando ya a ese beneficio buscado. Dos factores operan en dirección contraria: el tiempo necesario para que la inversión sea rentable y el coste imprescindible para que la apuesta del metaverso no se vea como una moda pasajera, y por tanto, una especie de "pérdida controlada". Algo que dejo ahí, por si acaso.

No debo de dejar recordar lo que pasó con Bitcoin. El 31 de octubre de 2008, Satoshi Nakamoto dio a luz la criptomoneda más famosa de todos los tiempos. Una "cosa virtual" que era revolucionaria, pero que casi parecía un chiste, que empezó por valer unos pocos dólares, hoy es una criptodivisa reconocida, respetada y valorada. En mayo de 2021 alcanzó la nada desdeñable cifra de 663 524 754 409 dólares americanos. Ya se compran objetos físicos, de nuestra realidad cotidiana, como vehículos, edificios o empresas. Sí, es cierto que tardó casi quince años en ser una realidad, pero ahora esta es incontestable. ¿Necesitaremos quince años para que el metaverso sea una realidad económica y financiera? Es posible, pero, ¿eso es un problema? Entiendo que no. Para que las nuevas tecnologías y evoluciones humanas y sociales se consoliden, se necesita un proceso lógico, ordenado y natural. Y eso sería lo ideal para el metaverso.

Para el metaverso, podemos aplicar esta ecuación:

Beneficio= [(Inversión-oportunidad) – Coste] / Tiempo

Ventajas:

Esta sería la tercera parte de la triada que nos podría traer el metaverso. Las ventajas, a diferencia de las oportunidades, no saben ni responden al tamaño de una organización. De aquí su importante valor estratégico.

Como se suele decir, el tamaño no importa. Cualquier organización, empresa o asociación o incluso grupo o comunidad, puede estar, por muy pocos euros/dólares, en el metaverso. Conozco asociaciones de microempresas, por ejemplo en España, citando la AEMME (Asociación Española Multisectorial de Microempresas) que ya realiza sus reuniones en el metaverso con total naturalidad. Bien es cierto que la respuesta de las empresas es todavía titubeante. ¿Por qué? Pues te lo digo. Por pereza, falta de interés, falta de tiempo, desconocimiento tecnológico, una mínima inversión en equipos informáticos y algún factor más.

Por lo tanto, parece lógico que para que estas ventajas se materialicen se necesita de forma imperiosa evangelizar, promocionar y sensibilizar sobre el metaverso. Lo mismo pasó con la actual pandemia, que afortunadamente parece ir remitiendo. **Zoom,** hasta hace dos años y medio, era un producto minoritario. Sí, ciertamente usado por necesidad para empresas y organizaciones que minimizaban los costes operativos de las reuniones presenciales, pero que debido a la pandemia experimentó un aumento vertiginoso y muy rentable, hasta el día de hoy, donde se sigue utilizando, aunque quizá no con la misma intensidad de hace 18 meses. Por lo tanto, ventajas muchas, desventajas pocas. Si acaso, la principal desventaja es no utilizar la ventaja estratégica y competitiva que supone estar, de momento, con cierto nivel de soledad. Las potentes campañas de *marketing* que vendrán durante 2022 y 2023, utilizando soportes publicitarios de la economía real como televisión, prensa o radio, pero también con un importante papel de los medios de comunicación digitales, serán la antesala del "despertar de la fuerza" del metaverso (aquí otra velada alusión cinematográfica).

Por si no ha quedado claro, señalo las principales oportunidades, beneficios y ventajas que, en el corto y medio plazo, deparan a los que inviertan en el metaverso:

- Los terrenos digitales comienzan a ser un negocio interesante. Son ya una realidad, pero no para especular como en el modelo inmobiliario real, sino como una apuesta de futuro.

- Los costes de implantación en el metaverso y de implementación de su arquitectura, son ínfimos en comparación con la vida real.

- La formación de empleados puede ser una herramienta espectacular para fomentar el talento corporativo.

- Las múltiples conexiones con comunidades, *marketplace* y entornos colaborativos pueden convertirse en una fuente muy interesante de potenciales clientes.

- Crear un *hub* de innovación para una organización y comunicarse virtualmente con los principales actores de una industria o sector será algo totalmente habitual, y especialmente provechoso.

- La hiperrealidad ayudará a una conexión mucho más empática y cercana, generando múltiples oportunidades y posibilidades de negocio.

- Las experiencias serán intuitivas, inmersivas y asequibles.

- Se democratizará su uso, de manera que se espera que el número de personas que puedan conectarse en algún momento supere ampliamente al de las redes sociales actuales.

- Podremos replicar prácticamente cualquier cosa: desde jugar un partido con nuestro ídolo (virtual u holográfico) deportivo, jugar una partida de ajedrez con un maestro, o estudiar con los principales gurús de la tecnología, la ciencia o las humanidades.

- Si bien es una realidad alternativa y como tal hay que entenderla, la posibilidad de viajar (por ocio o por negocio), interactuar con cualquier persona en cualquier parte del mundo de forma algo más directa que con una conexión *online* o una videollamada, multiplica las expectativas y la generación de opciones y acciones.

- Prácticamente todos y cada uno de los sectores actuales de conocimiento, investigación y negocio, verán multiplicadas sus oportunidades de interacción, comunicación y conectividad de forma espectacular.

- Por otro lado, se espera que la sostenibilidad sea un valor en alza como el metaverso, en unos momentos de convulsión a nivel mundial con la pandemia y la situación en Ucrania. Se reducirá el uso y coste de los combustibles, las reuniones físicas que generan costes, contaminación y atascos en las principales ciudades del mundo.

- Más tiempo para las cosas importantes. Quizá este es el principal elemento diferenciador, y algo que lamentablemente no podemos controlar. En el metaverso podríamos hacer multitud de trámites engorrosos que consumen tiempo y recursos (incluso ahora que la tecnología podría mejorarlos, en algunos casos es innecesariamente lenta o imposible de realizar de forma *online*).

Evidentemente, muchas cosas están por llegar, otras por transformarse y muchas por desaparecer. El balance coste-beneficio habrá que verlo en función de las posibilidades que el metaverso traerá en los próximos años: nuevos roles y perfiles profesionales, nuevos cambios en los hábitos de los usuarios, nuevos modelos de negocio, nuevos productos y servicios, nuevas formas de atracción, retención y fidelización de clientes, o campañas espectaculares de *videomarketing*... El futuro nos espera. El metaverso también.

Tecnologías que orbitan en el metaverso

Lo primero que debemos entender es que el metaverso, en sí mismo, no es una nueva tecnología ni una revolución tecnológica, ni tampoco —de momento— un nuevo paradigma de comunicación socio-virtual. Lo que es evidente es que muchos lo esperan, y luego será el ecosistema quien le conceda esa carta de naturaleza o no. Pero lo que queda fuera de toda duda es que utiliza, explota y amplía el efecto positivo de numerosas tecnologías, que iremos viendo en este capítulo, al menos a nivel introductorio, puesto que hablamos de tecnologías, tanto nuevas como preexistentes, que cada una por sí misma daría para un solo libro (o varios).

El objetivo de este capítulo será proponer las tecnologías que apuntan hacia el metaverso y que si nada lo cambia o frustra, proporcionarán las oportunidades, beneficios y ventajas de este hiperentorno virtual.

En principio, citaré las **seis principales tecnologías, herramientas o ecosistemas** que impulsan e impulsarán el metaverso en los próximos meses, con **cinco objetivos** claros:

a. Acercar al consumidor-cliente-usuario a una nueva realidad virtual.

b. Extender las tecnologías actuales para proveer de productos y servicios personalizados y personalizables (incluso por el mismo usuario).

c. Inventar nuevas multiexperiencias, tanto para negocio como para ocio, o incluso hibridar ambos entornos de manera que se complementen.

d. Hacer caja y mantener la marca en los nuevos desarrollos tecnológicos.

e. Seguir invirtiendo en avances técnicos y tecnológicos que generen experiencias y sensaciones útiles a clientes y usuarios.

1. *Blockchain* y criptomonedas

La tecnología *Blockchain* (BC) proporciona desde hace ya algunos años, una solución democrática y transparente, descentralizada y no controlada, para diversas cosas, entre ellas:

- Una prueba digital de propiedad o adquisición.
- Un modelo de gobernanza sujeto a unas mismas reglas (que no control).
- Una colección digital.

- La transferencia de propiedad o de valor entre actores del sistema.
- Accesibilidad 365/24/7.
- Interoperabilidad ilimitada.

Estas criptodivisas o criptomonedas, más habitualmente conocidas como ***cryptos,*** permiten y permitirán a todos los usuarios, consumidores y clientes, transferir o acceder al valor de determinados activos en el metaverso; virtuales, sí, pero con pleno valor para quien realice la transacción, en un mundo 3D con unas reglas que permitan un desenvolvimiento de actitudes social y universalmente aceptadas.

¿Qué podemos hacer con las *cryptos?* Habrá quien quiera ser criptomillonario (y es muy respetable, por supuesto), y quien quiera vender o comprar terrenos virtuales donde desarrollar comunidades de vecinos, (vivir en el metaverso), alquilar o comprar un terreno frente a una playa, adquirir un edificio de oficinas, una universidad o un hospital. Sí, un hospital, ¿por qué no? Quizá tengamos los mismos problemas en el metaverso, aunque veo difícil que los virus que ataquen sean del tipo COVID-19.

La forma de adquirir esos activos será a través del sistema de *token* no fungible o NFT. Con el apoyo y la evolución de la tecnología BC, podremos asegurar la propiedad, la accesibilidad y la trazabilidad de cualquier activo virtual en el metaverso.

Realmente, no verlo o no tocarlo no significa que no exista. Sé que existe Alaska, pero lamentablemente todavía no he podido verla y recorrerla en el plano terrenal. Quizá con verla con unas gafas 3D, me pueda servir casi como estar allí realmente, aunque, cuando menos, todo es opinable.

Está casi demostrado que las *crypto* incentivarán a las personas y profesionales a trabajar, negociar o estar presentes en el metaverso. Al igual que dedicamos horas a nuestras redes sociales, correos electrónicos, Whatsapp, Telegram y cualquier otro entorno digital, posiblemente necesitaremos unos 30 o 45 minutos para saber qué se cuece en el metaverso o incluso en nuestro propio metaverso. Ahí lo dejo.

Cuantas más empresas y organizaciones comiencen a "colonizar" el metaverso, como una extensión digital pero híbrida y "palpable" de nuestra realidad cotidiana, más oportunidades tendremos de hacer crecer este nuevo universo. Quien sabe, lo mismo tu próximo trabajo está en el metaverso...

2. Realidad virtual (VR) y realidad aumentada (AR)

La realidad virtual (VR) y la realidad aumentada están ayudando a empresas y organizaciones del todo el mundo a presentar una experiencia 3D diferente, muy atractiva, inmersiva y rica en matices y sensaciones.

La realidad virtual, de momento, depende de sistemas informáticos, los cuales producen un entorno o ecosistema virtual informatizado. Los clientes, usuarios o consumidores, pueden explorarlo como quieran; eso sí, dotándose de los dispositivos necesarios, como son guantes sensoriales, auriculares y casos o gafas 3D.

Por otra parte, la **realidad aumentada** se enfoca más en efectos de tipo visual, mediante el uso de elementos digitales no reales, que transforman una parte del mundo real. Desde el punto de vista de accesibilidad, es más accesible que la RV, y casi es posible utilizarla con la mayor parte de los *smartphone* inteligentes con cámara digital de cierto nivel de sofisticación.

Esta realidad aumentada sirve para multitud de aspectos cotidianos: para una operación en quirófano, para adecuar un determinado mueble a una habitación, decorar una habitación o casa vacía, entrar en un vehículo virtual para verlo por dentro (motor incluido) y un sinfín de múltiples posibilidades con una alta dosis de interacción, pero también con ciertas limitaciones en el espacio, normales de momento.

Ambas realidades, y su fusión en una realidad virtual saumentada (AVR), podría significar el segundo eslabón de ambos sistemas en el metaverso. Ciertamente, el contenido y la realidad generada por ambas es ficticia, pero como todo, ¿que sea ficticia significa que no existe? Como debate filosófico da para buen rato, y seguramente no llegaríamos a un punto en común, porque posiblemente no exista una definición y una realidad igual para todos. Lo que es más que evidente es que los usuarios, consumidores y clientes de estos productos podrán llegar a un grado elevado de sensación, interactuación y comprensión cognitiva de lo que ven y hacen en el metaverso.

Esto querido amig@, y espero no equivocarme, es solo el principio...

3. Inteligencia artificial (AI/IA)

La inteligencia artificial es un fenómeno tecnológico de amplio espectro y aplicación desde hace más de veinte años. Es la responsable de los nuevos sistemas y modelos de planificación comercial y estratégica, toma de decisiones, patrones de comportamiento o escenarios predictivos entre otras opciones. Pero además está presente en nuestras vidas a través de dispositivos electrónicos (móviles, *smart* TV...) desde hace menos de diez años, pasando claramente desapercibida.

Los expertos en entornos virtuales llevan ya cinco años intentando aplicar la IA a la creación, construcción y desarrollo de metaversos.

El potencial de la IA es enorme. Aunque todavía estamos ante una fase inicial de la IA, conocida como IA blanda y queda mucho por llegar a la IA dura, más cognitiva e incluso que tome decisiones por sí misma (aquí iría el *spoiler* de la película *Terminator* y su saga, con más o menos éxito), el motor de esa IA son sin duda los algoritmos. Mediante una combinación de aprendizaje automático, los algoritmos pueden interpretar, sacas conclusiones y aprender de acciones y reacciones anteriores, generando resultados y en base a ellos, tomando decisiones, de momento, bajo una programación humana, aunque parece que su evolución será más rápida de lo deseada.

¿Cómo aplicar IA en el metaverso? Aunque todavía este es incipiente, es el *gaming* el que está poblando el metaverso por sus características más intrínsecas: diversión, aventura, acción, etc., en un primer momento sobre los conocidos como **NPC** (personajes no jugadores). Los juegos han evolucionado de manera que estos NPC ya no son "puntos estáticos" con una escasa interacción y apenas unos cuantas frases programadas. La IA puede generar conversaciones inteligentes, más realistas, ajustadas a la realidad virtual de cada jugador/a, y convirtiéndose en un aliado del conocimiento, por la transmisión inteligente de información y contenido. A diferencia de un humano virtual, un NPC dotado con IA puede ejecutarse por sí solo más allá de una mera programación inicial, y además ser utilizable por miles de jugadores incluso en diferentes entornos virtuales. Y si se traspasa la barrera idiomática, podremos comunicarnos perfectamente con un jugador francés, holandés o sueco, sin apenas pérdida de información.

Pero la IA no se queda aquí. Los avatares actuales y los que llegarán y poblarán el metaverso a partir de 2023, estarán dotados de un motor de IA especialmente avanzado.

Proporcionarán avatares cada vez más realistas (hiperrealistas) con un grado de acercamiento al ser humano verdaderamente prodigioso. Las expresiones, los gestos, los rasgos fáciles e inclusos los tics, podrán ser interpretados y ejecutados por la IA. Ya podremos personalizar, de una forma no antes concebida, nuestro modelo de avatar para el metaverso, e incluso contar con un equipo de avatares según las circunstancias, ya sea trabajo, negocio u ocio.

4. Construcción de mundos 3D

El metaverso necesitará de estructuras y edificios, muchos de ellos totalmente inteligentes, con cargo a la IA de su construcción. Como comenté anteriormente, si queremos "vivir" una vida diferente en el metaverso, o compartir con la realidad, necesitaremos rodearnos de un entorno natural, cercano y adaptado a nuestro gusto.

Esto servirá también para las inmobiliarias virtuales, que permitirán realizar un *tour* interactivo con un sistema domótico basado en una IA verdaderamente potente y espectacular.

Podremos vivir en un palacio o en una choza al lado de un mar virtual. Las posibilidades son infinitas, pero aun así los sistemas de construcción partirán de un mismo modelo de creación 3D inmersivo, donde los elementos serán táctiles y responderán a nuestro toque o visión de una forma totalmente natural.

Ni que decir tiene que uno de los puestos más demandados en los próximos años será, además del *Chief Metaverse Officer* (CMEO) o el *Metaverse Product Manager* (MPM), el de 3D *world builder* o constructor de mundos. Para ello, será necesario manejar al menos uno de estos dos entornos: Unity 3D o Unreal Engine.

Unity es un motor de videojuego multiplataforma creado por Unity Technologies. Unity está disponible como plataforma de desarrollo para Microsoft Windows, Mac OS y Linux. La plataforma de desarrollo tiene soporte de compilación con diferentes tipos de plataformas. A partir de su versión 5.4.0 ya no permite el desarrollo de contenido para navegador a través de su *plugin web,* y en su lugar se utiliza WebGL. Unity tiene dos versiones: Unity Professional (pro) y Unity Personal. Si quieres "trastear" con este potente diseñador de mundos 3D, date la oportunidad en https://unity.com/es.

Por otro lado, Unreal Engine es un motor de juego creado por la compañía Epic Games, mostrado inicialmente en el *shooter* en primera persona Unreal en 1998. Aunque se desarrolló principalmente para los *shooters* en primera persona, se ha utilizado con éxito en una variedad de otros géneros, incluyendo videojuegos de sigilo, lucha, MMORPG y otros RPG. Con su código escrito en C++, el Unreal Engine presenta un alto grado de portabilidad y es una herramienta utilizada actualmente por muchos desarrolladores de juegos.

La versión más estable es Unreal Engine 4, el cual fue lanzado en 2014 bajo un modelo de subscripción. Desde 2015, puede descargarse gratuitamente, con su código fuente disponible en GitHub.

En mayo de 2020, Epic anunció Unreal Engine 5, previsto para ser lanzado de forma completa a principios de 2022, incorporando novedades como la tecnología Lumen (iluminación global en tiempo real), Nanite y un nuevo editor más organizado y elegante. Puedes conocer más de este portentoso motor de diseño gráfico de mundos en https://www.unrealengine.com/en-US/unreal-engine-5.

Y por citar un tercero, con elevado potencial aunque no suficientemente desarrollado, está **Amazon Lumberyard.** El pasado año 2021, Amazon anunció el nacimiento de Open 3D Foundation y Open 3D Engine (O3DE), un motor de videojuegos de código abierto multiplataforma con capacidad AAA y disponible bajo la licencia de Apache 2.0. Objetivo: ofrecer a los desarrolladores de juegos y simulaciones más opciones de colaboración, personalización y control de sus canalizaciones de producción. Además, desarrollan conjuntamente una comunidad de código abierto con la Fundación Linux y socios del sector. La versión 21.11 estable de O3DE, el sucesor de Lumberyard, ya está disponible con un nuevo instalador de Windows y soporte para Linux en https://aws.amazon.com/es/lumberyard/, si quieres dar rienda suelta a construir mundos para tu propio metaverso.

En estos momentos siguen siendo, junto a algún otro *software* de construcción de entornos virtuales, las referencias del momento. La introducción de la IA en estos potentes desarrolladores de software de mundos 3D permite generar múltiples opciones, y por tanto serán demandados por las posibilidades de trabajar, mediante su programación, en diferentes metaversos.

Pero, no obstante, el reto siempre será construir, en un entorno virtual y digital, con la mayor aproximación a nuestra realidad, el mundo real. Los sistemas de cámaras 3D y la fotografía hiperrealista en formato 4K HD, serán fundamentales para acercar esos mundos virtuales construidos con estas herramientas de programación lo máximo posible a lo que vemos con nuestros ojos. Por supuesto, y no por ser más que evidente, nunca será igual. Pero realmente, tampoco queremos que sea real, sino que sea una opción alternativa y que aporte su valor añadido como negocio, ocio, o simplemente modo de vida.

Estas conocidas como réplicas virtuales de nosotros mismos, de objetos y elementos del mundo físico real, tiene un nombre en el universo digital: gemelos digitales.

5. *IoT* (internet de las cosas)

Fue antes del año 2000 cuando el concepto de conectar las cosas inanimadas con internet dio lugar al *internet of things* o *IoT,* como se le conoce. Conectar nuestro mundo físico con sensores y dispositivos, siempre ha sido el sueño de científicos y expertos desde hace décadas. Esto supondría la **posibilidad de transmitir información de un dispositivo conectado mediante un determinado sensor o grupo de sensores,** emitiendo una solicitud o pedido, o simplemente indicando un estado informativo, como por ejemplo, "me queda electricidad para una hora", o "el frigorífico se quedará sin leche en menos de 24 horas".

En principio, son cosas que el ser humano puede hacer perfectamente, pero ese control sin duda ayudaría y mucho a anticiparse a situaciones más comprometidas como falta de combustible (mantenimiento) o una materia prima determinada en el caso de una empresa (logística).

IoT es un mundo nuevo, con sensores, alarmas, alertas y conexiones, o mejor dicho, interconexiones. Entre las posibles —aunque ya reales— aplicaciones del IoT en el metaverso, estaría la recopilación, control y manipulación de datos mediante un sistema de programación muy simple preestablecido.

Este modelo de IoT en el metaverso podría funcionar perfectamente como ***triggers*** o disparadores para controlar dispositivos no conscientes al igual que la programación de un videojuego con su propia IA. En este contexto, cuando todo esté conectado, podríamos simular perfectamente acciones de la vida real, en el metaverso: control de acceso, parametrización de seguridad, vinculación de avatares con perfiles para *match,* etc. Las posibilidades vuelven a ser enormes.

IoT utilizará en los próximos años una versión mejorada de la IA blanda, de manera que, con un potente aprendizaje automático, podremos (o nuestros avatares, mejor dicho) recopilar, clasificar y utilizar la información de manera que podamos compartirla mediante conexiones inteligentes allá donde sea necesario disponer de ella. Porque si vivimos y trabajamos en el metaverso, y debemos pasar una entrevista de trabajo virtual, cuanta más información tengamos (incluso del avatar entrevistador), mucho mejor.

6. *Big data, small data* y *dark data*

Las tres datas estarán muy presentes en la consolidación y evolución del metaverso. A continuación pasaré a definirlas y más tarde, a incluirlas en el contexto del metaverso. Muchos expertos dan por hecho que el *big data* podría ser la mayor fuente de información, datos y conocimiento del metaverso. Y no les falta razón. ***Big data*** es datos masivos, en bruto, enormes cantidades de información que proceden de:

- Fuentes de datos estructuradas, como pueden ser bases de datos u hojas de cálculo.
- Fuentes de datos no estructuradas, como pueden ser informes, "me gustas", *tweets* o fuentes de información que debemos tratar previamente para obtener conocimiento.
- Fuentes de datos semiestructuradas, que combinan las dos anteriores.

Uno de los "precios a pagar" por este metaverso que estamos construyendo es saber si será gratuito o habrá algún peaje. Ese peaje habría que tomarlo como coste, es decir, compartir todos nuestros datos, personales, laborales, profesionales e incluso a veces íntimos, que de una forma u otra irán al metaverso, donde se expandirán y multiplicarán, perdiendo todo control sobre los mismos. O al menos esa parece la idea inicial.

Se espera que el metaverso multiplique por diez el número de datos e información generada por miles de millones de visitantes: comunicaciones, interacciones, solicitudes, reacciones, manifestaciones, compras, ventas, relaciones comerciales... Quizá se podría hablar de un universo masivo de datos e información (ese quinto estado de la materia) que habrá que terminar limpiando, controlando y reajustando para que no termine por colapsar al igual que nuestra actual versión de internet.

Por tanto, si damos por hecho que el metaverso será la principal fuente de datos del nuevo modelo de interacción de los próximos años, el *big data* será el ecosistema a manejar, expandir y evolucionar. Un ecosistema que apenas cuenta con unos quince años de vida, construido por las grandes redes sociales y fabricantes del mundo como Microsoft, Oracle, Facebook, Google o Amazon, quienes necesitan procesar varios *zettabytes* de información para conseguir construir sus modelos comerciales. De hecho, para 2022, las previsiones es que superemos los 40 ZB de información, lo que equivale a 57 veces el número de granos de arena presentes en todas las playas del mundo (la verdad, no envidio a quien se haya pasado varias noches enteras haciendo esta comparación). Hay quien afirma que fue Alan Turing el padre del *big data,* quien, tras descifrar Enigma (no te puedes perder esta película si no la has visto todavía, 2014-*The Imitation Game*) redujo la guerra con los nazis entre dos y cuatro años (1939-1945), poniendo en valor el que un sistema pudiese no solo descifrar información sino trabajar con un volumen bastante importante de información para la época.

¿Y que es ***small data***? Pues eso, más o menos, datos pequeños. Quizá la mejor traducción sería "datos valiosos" o datos mínimos. En contraposición con el *big data,* la realidad es que con unos pocos datos —eso sí, 100 % fidedignos— podríamos crear cualquier perfil con un 99,99 % de éxito.

Small data es una forma de trabajar igualmente con dispositivos y sensores IoT que nos dan información muy precisa, y por tanto, relevante para tomar decisiones importantes. Por ejemplo, un motor de un avión Airbus 300 puede contar con más de 5 000 sensores diferentes: altímetros, velocímetros, medidores de temperatura, luz, corriente eléctrica, y así hasta un sinfín de opciones. Estos sensores todavía no son inteligentes. Simplemente cuentan con una programación que establece y ejecuta una rutina determinada, y una vez finalizada su vida útil, debe ser sustituido (vaya, suena a la programación de *Matrix*). Pues bien, utilizan un modelo de *small data,* información muy precisa y liviana que permite tomar decisiones.

En los próximos años estos sensores serán plenamente inteligentes. ¿Qué quiere decir "plenamente"? Pues eso, que serán capaces de tomar decisiones por ellos mismos. En el caso de un sensor de un motor de un A300 podrían, una vez superado su umbral de tolerancia —por ejemplo, al frío o la altura— y antes de finalizar su vida útil sometidos a esos umbrales tan elevados, enviar el contenido que tienen a un sensor cercano o a una torre de control. La conversación sería algo así:

—(Sensor 1) Me estoy apagando, aquí arriba hace mucho frío y no aguanto más.

—(Sensor 2) Vaya, cuánto lo siento. Ha sido un placer acompañarte durante estos 1 200 vuelos.

—(Sensor 1) El placer ha sido mío. Bueno, ya me queda poco. Transfiero mis datos: altitud 39 000 pies. Estoy en tolerancia de riesgo máxima. Posibilidad de que los datos enviados a control de vuelo y a los pilotos tenga una falla de un 5 % que podría ser crítica. Por favor, recibe mis datos.

—(Sensor 2) Por supuesto. Los recibo, proceso y envío a torre y pilotos. Nos veremos.

—(Sensor 1) Dalo por hecho. Una carcasa nueva y listo. Nos veremos en el laboratorio. Búscame.

Sí, tengo que reconocer que es una aproximación y probablemente no sea así, pero intuyo que me has entendido, y ese era el objetivo.

Pues bien, en el metaverso estos sensores serán digitales y virtuales. Las opciones, por tanto, también potencialmente infinitas, con sensores que midan reacciones humanas, comportamientos sociales o cualquier otra sensación, y más aún si el ser humano transciende la barrera hacia un modelo de superhombre, es decir, que tengamos nuestros propios sensores en el cuerpo (a lo que aspira Elon Musk con Neuralink) y nos convertimos en sensores andantes. Está por ver…

La empresa del año 2050

Sería por mi parte un ejercicio de irresponsabilidad "inventar" un modelo de empresa en 2050. Si ya es difícil establecer hacía donde iremos, como humanidad, apenas en el próximo año 2023, más difícil sería todavía proyectar un modelo de sociedad tecnológico en 2050. Pero al menos podemos jugar a ser adivinos. Eso es divertido.

Como este libro va fundamentalmente de metaverso, tendremos que incluir en la ecuación de ese futuro año hipotético, qué será de este universo multicultural, multifuncional y multivirtual, de múltiples realidades, y que muy probablemente será una forma natural de vivir en los próximos 25 años.

Para entender el proceso deductivo de cómo la tecnología nos irá afectando los próximos años, no hay más que mirar hacia atrás y comprobar cuánto tiempo ha pasado el ser humano en adoptar, de forma generalizada, una nueva tecnología o la evolución de una ya preexistente.

Evidentemente, depende de los ecosistemas. Hemos pasado, hace unos 60 años, de un modelo de internet casi irreal en nuestros días por estático, casi vacío y testimonial desde el punto de vista de la comunicación y la interacción, a un modelo 100 % comunicativo y 100 % interacción entre miles de millones de personas de forma instantánea.

Por otro lado, también es una evidencia que el ser humano necesita comunicar de forma constante todo lo que pasa a su alrededor, por lo que termina generándose una especie de tela de araña que, de forma radial, termina por conectar a miles de personas alrededor de otra, y así cada una de ellas. El metaverso podría asimilarse a una tela de araña casi infinita, con miles de millones de conexiones y formas de comunicación: voz, vídeo, texto, interacción, pensamiento o sensaciones.

El año 2050 podría ser, siguiendo con el juego de adivinación, un momento en el que el hombre sea el centro del dato. Me explico. No necesitaremos dispositivos móviles, ni dispositivos de visualización (gafas 3D), ni sensores a nuestro alrededor, ni ningún tipo de acción o campaña de *marketing* personalizada. Es muy posible, o al menos altamente probable, que podamos ser una especie de superhombres. Elon Musk habrá probado con éxito los enlaces neuronales en el cuerpo humano, por lo que podremos comunicarnos con personas de otros países en su mismo idioma, en un entorno virtual, y por supuesto en el metaverso. En ese futuro hipotético, veo a Elon Musk como presidente de EE. UU.

También es posible que el metaverso sea un lugar totalmente habitual en nuestra vida. ¿Por qué no despertarnos con un amanecer en una isla idílica, donde estaremos tomando un café o un té con cualquier acompañamiento nutricional al gusto, y desde una pantalla analizar la hoja de ruta de ese día: las reuniones, las comidas, las cenas y la actividad de ocio y familiar? De manera, cada día nuevo podría ser totalmente diferente. Sí, es ciencia ficción, pero todo aquello que pasa de cinco años, para el ser humano casi puede ser tratado como ciencia ficción, ya sea investigación, nuevas tecnologías o nuevos dispositivos con los que aumentar la calidad de nuestras comunicaciones.

Quizá la pregunta no es si el metaverso será el centro de nuestra vida, sino más bien si nuestra vida solo se centrará en un lugar virtual. No sabemos si podremos disfrutar de la naturaleza que tenemos actualmente. Viendo las imágenes en la televisión de la destrucción progresiva de un símbolo inmortal (pero perecedero) de la naturaleza como es el glaciar Perito Moreno en Argentina, cada vez tengo menos dudas de que el metaverso, sin quererlo, será un lugar donde poder disfrutar del lugar al que físicamente no podamos llegar o el lugar al que nunca podremos volver a ver o visitar, porque habrá desaparecido fruto de una evolución negativa y dramática en base al calentamiento global y el maltrato sistemático del medio ambiente.

Por el lado de las empresas, casi es todavía más fácil intentar adivinar el futuro 2050. Si pensamos que seguirá siendo válido el axioma de "maximizar el beneficio de una inversión", se me antoja que la inversión en el metaverso podría seguir en la dirección de este postulado. Trabajar, negociar, diseñar campañas, vender o comprar propiedades y tener al alcance del ratón a miles de millones de posibles y potenciales compradores, es una tentación difícil de dejar escapar.

Pero también es cierto que la introducción de una nueva tecnología no ha terminado de despegar hasta que se han despejado todas las dudas sobre sus bondades, efectos positivos y beneficios en el corto plazo, preexistiendo con tecnologías anteriores durante algunos años hasta que, finalmente, la anterior tecnología es abandonada y nunca se la vuelve a llamar.

Ha pasado con el cartucho VHS, el CD, el DVD, el Blue-ray, y así hasta un sinfín de dispositivos, que nuevas tecnologías han dejado obsoletos o al menos, en uso para minorías casi nostálgicas del paso del tiempo en la tecnología. Pero lo que es cierto es que, si una tecnología nunca termina de abandonar a su predecesora, la coexistencia no hay que valorarla negativamente, en ningún caso.

Muy probablemente, en 2050 el metaverso no habrá acabado (eso espero) con la realidad del mundo real, sino más bien coexistirá en un equilibrio más o menos correcto, de manera que tengamos lo bueno de ambos mundos.

Como actividades que podrán hacer las personas en el metaverso en el 2050, estarían una infinidad: viajar por el espacio planetario, viajar a cualquier parte del mundo, crear su propio mundo para viajar, entablar relaciones comerciales o negocios en cualquier lugar en cualquier momento, ir a conciertos y a fiestas (incluso varias a la vez con nuestro mismo avatar), estudiar cualquier disciplina con los mejores profesores y expertos del mundo, y así un sinfín más de posibilidades. Y si esto es lo que se demanda, entre miles de cosas, tendrán que existir miles y millones de empresas que oferten esas “realidades”, que cada vez serán menos virtuales si partimos del famoso axioma de que “si lo siento es real”. Si alguna vez “sentimos” nuestra actividad en el metaverso, podremos decir, sin ánimo de duda, que será real, tan real como nosotros queramos.

Nuevos modelos aparecerán y otros desaparecerán para siempre. Echa un vistazo a este vídeo; posiblemente sea más sugerente que las palabras:

https://www.youtube.com/watch?v=UMfsooPdriA.

Quizá lo que más gane el ser humano sea tiempo. Algo que siempre se nos ha escapado hasta ahora, si quizá para esas fechas la ciencia haya conseguido doblegar el paso del tiempo.

Los negocios en la era del metaverso

El metaverso se va a convertir, en muy poco tiempo (quizá 18 o 24 meses) y de forma paulatina, en un agregador de cientos de diferentes modelos de negocio empresarial.

Los modelos de negocio que funcionarán serán aquellos que ya han demostrado ser un éxito en el mundo real y que, salvando las distancias (virtuales), demandarán servicios o una combinación de servicios que incluso puedan incorporar un producto, enunciados como sistemas mixtos de negocio tradicional y modelos digitales señalados por Guy Kawasaki.

Modelo multicomponente

Este modelo se basa en vender un mismo servicio en diferentes lugares, con precios y presentaciones diferenciadas, en las tiendas virtuales. Es evidente que ciertas sensaciones no se pueden replicar en el metaverso (de momento), pero nuestros avatares sí experimentarán o realizarán ciertas actividades del mundo real como comprar un producto, realizar cualquier actividad en solitario o en grupo o comunidad, o solicitar servicios de tipo económico, financiero, ocio, negocio, consultoría…

Modelo de cebo y anzuelo (*bait & hook*)

El modelo cebo y anzuelo del mundo real se basa en la adquisición de un producto con un precio bajo hasta llegar al límite de las pérdidas (cebo) para favorecer la compra de otro producto o servicio que se adquieren de forma repetitiva (anzuelo).

Todavía no sabemos cómo se gestionará el sistema de distribución y logística, pero debemos tener en cuenta que, aunque hablamos de un entorno virtual infinito, existe una necesidad de disponer de una propiedad virtual y de que estas tengan ya un sistema de precios (compra-venta). Las *proptech* podrán de esta forma, ser el modelo de negocio que lidere el metaverso desde el punto de vista de compra-venta de propiedades virtuales. Para ello, *blockchain* será la tecnología que posibilite este desarrollo.

Modelo *freemium o free*

Este modelo ampliamente extendido a nivel digital en el mundo real, el modelo *freemium*, consiste en ofrecer un producto o servicio completo de forma gratuita por un tiempo limitado. Este modelo se combina habitualmente con una poderosa estrategia de persuasión, de forma que al final, y en base a las opciones mejoradas de servicios, se adquiera la versión *premium* o de pago. En el mundo digital son muy conocidos son Spotify, Netflix o HBO.

Evidentemente, se da por hecho que el consumo de productos multimedia con experiencias inmersivas llegará cuando estos importantes grupos antes citados, encuentren en el metaverso una oportunidad clara de llegar a millones de nuevos usuarios, compartidos o no, del mundo real.

Modelo de liderazgo de mercado

El modelo de negocio de liderazgo de mercado se basa en crear productos innovadores y nuevas necesidades a los clientes, acompañados de precios al principio elevados, pero con un valor añadido superior para los consumidores. Apple es el caso más representativo de este modelo en el mundo real. Evidentemente, Apple estará más pronto que tarde. Los avatares serán una extensión de nuestra forma humana en el metaverso, pero también podrán disfrutar de los mismos atributos que en el mundo real.

Modelo de productos virtuales

Los productos virtuales son aquellos con costes y mantenimiento prácticamente mínimos o casi cero. El metaverso replicará una variante que ha crecido en los últimos años, como son los infoproductos o productos formativos que se venden por internet, normalmente en formato vídeo, texto o PDF cuyos costes de mantenimiento son relativamente bajos.

Otro ejemplo serán los cursos *online* o videojuegos como el **Candy Crush,** que tendrán una segunda vida virtual, en la que podemos traspasar la barrera digital para disponer de un número mayor de sensaciones, experiencias inmersivas e interacciones con múltiples avatares.

Modelo *Eyesballs*

El modelo *Eyesballs* se basa en el mundo real, en la atracción de usuarios y visitas mediante contenido especialmente relevante para los usuarios a plataformas como *webs* o redes sociales. Este es el modelo de negocio que vienen utilizando Google, Facebook o Instagram.

Pues bien, estas redes sociales podrán ampliar de forma espectacular tanto su número de seguidores como de clientes, puesto que los productos y servicios del metaverso presentan claras diferencias con respecto al mundo digital, o al menos complementarán su oferta con nuevas realidades y conexiones virtuales.

Modelo de negocio de suscripción

Este modelo consiste en el pago de una suscripción y a cambio recibir una oferta de valor que compensa la cuota que se paga. En este modelo digital se engloban cientos de propuestas comerciales tanto de empresas de telecomunicaciones, servicios de *software,* jurídicos, financieros, de consultoría, ocio, etc.

Modelo de afiliación

Este modelo permite ofrecer la opción de ganar un determinado de fondos dinerarios mediante la venta de servicios a cualquier consumidor, cliente o usuario, creando una red de comerciales dispuestos a dar a conocer su producto a cambio de una comisión (comisionistas).

Estos afiliados de ese negocio actúan a modo de *ambassadors* (embajadores) para la marca. Este modelo está ampliamente extendido en empresas de, por ejemplo, alojamiento de páginas *web*.

De este modelo, en el metaverso se beneficiarían aquellos perfiles como *referers* o *influencers* que ayudarían a "colonizar" determinados productos, servicios y marcas que comiencen a presentarse en el metaverso con intención de permanecer a largo plazo.

Modelo de artesanía

Es uno de los más antiguos en el mundo real, y consiste en crear valor por medio de creaciones únicas, personalizadas y creativas. Así, los muebles son ejemplo de este modelo, pero las grandes empresas han sabido adaptarse e incluirla en sus estrategias. Otro ejemplo son las series limitadas de vehículos de compañías automovilísticas, joyerías de alto nivel e incluso establecimientos hoteleros de 5 estrellas.

Sin duda alguna, el metaverso es una opción más que interesante para este tipo de organizaciones que pueden atraer a un público virtual de mayor capacidad económica, y por tanto podrán disponer de una forma de crecimiento en ventas mucho más importante que otro tipo de empresas que solo estén de forma pasiva en el metaverso.

Modelo P2P (*peer to peer*)

Este modelo utiliza la tecnología como intermediario entre cliente, consumidor o usuario y comprador de determinados productos y servicios. En el mundo real podemos hablar de Airbnb, Wallapop, Cabify o similar.

Estos modelos, dependiendo del sector en el que se desenvuelvan en el mundo real, tendrán más o menos posibilidades de adaptarse a un entorno virtual como es el metaverso.

Para que un modelo de negocio en el metaverso disponga de una estrategia ganadora, para proyectar una permanencia en el tiempo que sea rentable, necesita incluir en su sistema de negocio el **modelo RRE**:

- **Repetibilidad** (de las acciones, compras, experiencias).
- **Rentabilidad** (global y por cada iniciativa comercial o experiencial).
- **Escalabilidad** (crecimiento en función de diferentes nichos de mercado o *target*).

Los ***metizens*** (ciudadanos del metaverso) estarán cada vez más presentes conforme se vaya creando un modelo de ciudad virtual en la que se puedan realizar diferentes actividades y tareas.

Las cifras de negocio que se estiman superarían los 400 000 millones de dólares en apenas tres años (2025). Vendrán impulsados por cientos de miles y millones de usuarios atraídos por las marcas con mayor potencial, que se centrarán en ellos para crear un sentido de pertenencia a una comunidad virtual e inculcar la fidelidad hacia esa marca en el metaverso.

Esto lo podrán hacer, entre otras formas, vendiendo NFT (*token* no fungible) de sus productos físicos en ediciones más o menos limitadas y altamente personalizadas, creando así mundos patrocinados o esponsorizados. Marcas y grandes compañías de moda, como por ejemplo Balenciaga, D&G y Rebecca Minkoff.

Otros expertos y consultoras muestran mejores perspectivas sobre el metaverso. Ya se citó a Bloomberg Intelligence, que señala que el mercado del metaverso podría alcanzar los 800 000 millones de dólares en 2024.

A día de hoy, los negocios que han colonizado el metaverso proceden de poderosas compañías centradas en experiencias que giran en torno al *gaming,* pero no todo es *gaming* en el metaverso. Nvidia, Unreal, Hyundai, Unity Software, Roblox, Sony, Meta, Microsoft o Shopfy son ejemplos de grandes compañías que han desembarcado en el metaverso atraídas por las múltiples posibilidades que se espera que produzcan en el corto y medio plazo. Poco a poco se irán acercando otros líderes de sectores muy diversos: consultoría, *fintech, insurtech, proptech, EdTech,* fabricantes de *software,* consultoras de recursos humanos y *recruiters* de altos perfiles, compañías de investigación y científicas, y toda una pléyade de ***xtech*** y otras organizaciones conforme se vaya acercando el modelo virtual a una realidad más cercana a nosotros.

Las *m-platforms* o plataformas del metaverso están comenzando a reunir a millones de *players,* comercializando sus productos y servicios para *gamers,* pero todavía con la ayuda de marcas consolidadas del mundo real. La transición durará unos años, esto es algo ya conocido y esperado por las principales compañías que están invirtiendo en el metaverso. Pero no importa, dado que es una apuesta que casi todos ellos ven como claramente ganadora.

Por qué debes convertirte en *metaverser*

Influencer, instagramer, youtuber, referer, tiktoker... y así hasta más de cincuenta roles profesionales que están inundando internet y las redes sociales. Personas que, con o sin estudios, han sabido encontrar un nicho de mercado (casi diría mejor un filón) y que pueden obtener ganancias, reconocimiento social y prestigio internacional, mucho más que otros perfiles profesionales tradicionales, que a pesar de la experiencia pueden estar extintos a la vuelta de la esquina.

Hasta mediados de marzo de 2019, antes de la pandemia, prácticamente casi la totalidad de roles profesionales estaban perfectamente asentados, y más aún, envidiados. Sin embargo, la rotura de una realidad, el confinamiento y las muertes en todo el mundo, generó pérdidas multimillonarias, cerraron millones de empresas y se perdieron varios cientos de millones de puestos de trabajo.

Pero a raíz de esta pandemia ha cambiado todo, y no solo el modelo de comunicación, sino también en la forma de relacionarnos y comunicarnos. Ya se comentó anteriormente cómo un simple conector *online* como es Zoom, ha supuesto un espaldarazo espectacular a las conexiones *online:* menos costes estructurales, más y mejor acceso y cambio estratégico para las organizaciones; y, por parte de los empleados, una forma de poder realizar su trabajo desde cualquier parte del mundo, como teletrabajador o como nómada digital.

Y esto solo es la punta del iceberg. Se espera que con el advenimiento real del 5G y más aún del 6G y los nuevos dispositivos de comunicación, *smartphones, tablets,* etc., cada vez sea menos importante la presencialidad, y sí la virtualidad.

En ese contexto híbrido de virtualidad digital, nace la figura del ***metaverser.*** Y aquí no hay que hacer referencia a nativos digitales o inmigrantes digitales. Los primeros, nacidos con el *boom* de la tecnología a partir del 2000, y los segundos, adaptándose a las necesidades de estar conectado, aprender programación o manejar ciertas tecnologías.

Perfil del *metaverser*

El *metaverser* es un hombre o mujer de cualquier edad (a partir de 12 años), curioso, inquieto, con ganas de aprender, muy bien dotado para el uso de la tecnología, con una visión global importante, un nivel de abstracción y nivel de detalle casi prodigioso, que necesita aprender algo nuevo cada día para entender mejor cómo funciona el universo, y que además se mueve en los tres planos: **mundo real, mundo digital y mundo virtual.**

Quizá no es un rol como tal, sino más bien una persona con una forma diferente de ver la vida y los negocios. Su forma de ser le predispone para los retos y la aventura. Y aunque parezca que estoy hablando de un signo zodiacal, nada más lejos. El *metaverser* posiblemente sea el próximo habitante genuino del metaverso.

Sí, ya sé. Seguro que en estos momentos piensas que esto es solo un modismo, algo inventado o una solución lógica utilizando el sufijo *-er* que tanto buen resultado está brindando a los roles comentados anteriormente. Es posible que sea así, pero estoy convencido de que en pocos años vamos a comenzar a vivir en mundos o realidades paralelas, que lejos de hacernos empeorar nuestro modelo de vida, posiblemente lo completará y complementará.

Un análisis realizado por **Global Web Index (GWI),** recogido en la *web* www.reasonwhy.com, indica que la firma investigadora publicó los datos de un estudio llevado a cabo entre más de 12 000 usuarios de entre 16 y 64 años en nueve mercados diferentes, entre los que se encuentran Brasil, China, Francia, Italia, Japón o Estados Unidos. Según estas estimaciones y cifras, el conocimiento de los ciudadanos en general sobre el metaverso se divide casi por igual en tres grupos:

- Un 33 % que entiende el concepto.
- Un 37 % que ha oído hablar de ello, pero no está seguro realmente de lo que significa.
- Un 30 % que no está seguros en absoluto de lo que significa el metaverso.

Curiosamente, el conocimiento sobre el metaverso cae de forma muy significativa entre los usuarios de más de 45 años, puesto que menos del 20 % están familiarizados con el término. Pero contra todo pronóstico, los consumidores parecen dispuestos a participar en el metaverso (de alguna manera, aunque todavía no tengan claro cómo). Es más, según GWI, el 51 % de los encuestados estaría dispuesto a participar en el metaverso, mientras que el 25 % adujeron no estar seguros. Incluso uno de cada tres usuarios que no han oído hablar previamente del metaverso aseguran que quieren participar en él. Esto podría demostrar el atractivo del concepto.

Este *metaverser* (también conocido como *metazen*) podría ser perfectamente un avatar de cualquier profesional del mundo real, que necesita o le seduce la idea de estar presente en el metaverso. Puede ser que ejerza su profesión en él, o simplemente, a modo de un Second Life, tenga una realidad virtual diferente, muy diferente de lo que es su vida real, bien por necesidad de salir de una vida que no cumple sus expectativas, bien porque necesite una nueva y diferente proyección de su modo profesional de existencia.

Lo que es más que evidente es que las organizaciones que estén en el metaverso necesitarán que personas hechas "de otra pasta", dirijan departamentos, sean los emblemas o embajadores de la marca, o la relación pública con otras organizaciones y sus avatares estén presentes en ese u otros metaversos.

Los *metaversers* o *metazens* serán los encargados en un primer momento de generar asociaciones, sinergias y conexiones, no solo de negocio, sino también de ocio, de forma que se multiplicarán las oportunidades y el crecimiento orgánico de las estructuras, y por tanto de las organizaciones que vayan desembarcando en el metaverso.

El informe de Global Web Index señala parte de las necesidades de conectar con este mundo virtual, y estas son las estadísticas del 2021 sobre el metaverso:

- Un 46 % ha comprado un producto o servicio.
- Un 42 % ha atendido una conferencia o videollamada.
- Un 33 % juega de forma habitual.
- Un 26 % ha utilizado redes sociales para encontrar comunidades o grupos afines.
- Un 19 % ha visto una competición deportiva o lúdica.
- Un 12 % utiliza gafas de realidad virtual.

Todavía, es cierto, todo esto está una fase primigenia. Y es normal que exista un elevado rechazo. Muchos piensan que el metaverso, como concepción de vida virtual, será un fracaso. Incluso ponen de ejemplo a Second Life. Y es posible que tengan razón. Pero, desde mi punto de vista, no lo apoyan con hechos contrastados o con verdades irrefutables.

Si el ser humano avanza con la tecnología, y esta es imparable, por lógica el ser humano será imparable. Y aunque conquiste nuevos mundos, reales, más allá del nuestro, siempre habrá uno cerca, de múltiples posibilidades, donde puede estar presente de una forma más sencilla: el metaverso.

La grandeza y la miseria del metaverso

Todo avance tecnológico tiene su anverso y reverso. Lo cierto es que la tecnología de los últimos cincuenta años ha permitido avances importantísimos en diferentes áreas, disciplinas y ecosistemas. Entre otras cosas, y teniendo muy en cuenta las enormes desigualdades sociales, es indiscutible que ha generado inversiones de más de 200 billones de dólares en los últimos veinte años.

Si tomamos como referencia el año 2000, en estos 22 años que llevamos, la tecnología ha supuesto un espaldarazo a mejoras significativas en nuestra forma de movernos, comunicarnos, relacionarnos y satisfacer nuestras necesidades personales, profesionales y empresariales: comunicaciones, redes sociales, dispositivos electrónicos... Toda una industria que, bajo las alas de los avances tecnológicos, ha supuesto un incremento del bienestar en casi todas las partes del planeta.

Pero, como es lógico, también ha tenido un coste. En parte, las desigualdades sistémicas de los entornos que no han podido ir a rebufo del avance tecnológico, por carecer de los fondos adecuados para seguir la estela de la tecnología, relegándoles a una especie de "invierno tecnológico", creando una espiral de desigualdad, que a día de hoy es casi imposible de revertir.

Por otro lado, los avances tecnológicos nos han generado no pocos problemas de dependencia, conductuales y sicológicos. Este sería el "reverso tenebroso" que la tecnología ha ido generado y enquistando en los modelos sociales más avanzados.

El metaverso no es ni será ajeno a este eje grandeza-miseria. Analicemos ahora qué parte de él se espera que genere sinergias positivas, y qué otras podrían ser un lastre y generar cierta "miseria tecnológica" en todos aquellos que se adentren en él.

Aspectos positivos (grandezas)

El metaverso es y será un lugar virtual único. Se espera que miles de millones de personas, en los próximos cinco años, tengan su representación virtual (avatar) en el metaverso. Conforme vayan llegando más y más empresas, de muy diferentes sectores, para alcanzar su "tierra virtual prometida", la necesidad de perfiles expertos, especialistas y *metaversers,* serán más acuciante. Y, desde luego, no son perfiles fáciles de encontrar, puesto que realmente no están consolidados en modo alguno.

De todos los perfiles y roles profesionales que se necesitarán en los próximos cinco años, existen dos: el ***Chief Metaverse Officer*** **(CMEO)** y el ***Metaverse Product Manager*** **(MPM),** que ya comienzan a ser altamente demandados por organizaciones punteras que han visto, al igual que Meta, el precursor principal, un filón de oportunidades. Hablamos de grandes grupos financieros como JP Morgan o grupos de telecomunicaciones como Telefónica, o grupos empresariales del mercado *luxury* y de la moda, como LVMH, y por supuesto, grandes fabricantes de *software,* productos y servicios, y constructores de mundos 3D como Unity o Unreal Engine.

Se espera igualmente que la necesidad de profesionales en inteligencia artificial, *blockchain, IoT, big data,* mundos 3D inmersivos, realidad virtual y aumentada y *marketing* virtual, se dispare desde este mismo año, con una fuerte demanda de estos perfiles, según las principales consultoras internacionales que están girando al metaverso, de más de 5 000 000 para los próximos cinco años.

La tecnología del metaverso impulsará millones de planes de inversión, que necesitarán en parte de financiación de medio plazo, e igualmente una fuerte inyección de recursos técnicos, tecnológicos y humanos.

Contar con un área de metaverso podría ser una realidad antes de dos años, al igual que las organizaciones tienen su área logística, de ventas o de estrategia, con la diferencia radical, que esta nueva área tendrá parte del resto de divisiones integrantes de una organización al menos en las medianas y grandes empresas, y sobre todo en corporaciones.

Desde este punto de vista, es innegable los aspectos positivos que impulsarían no solo al metaverso, sino por supuesto a las organizaciones que quieran estar presentes simplemente por necesidad de estar, pero sobre todo para generar nuevos negocios con una proyección hasta el momento imposible de dimensionar.

Los 10 000 millones de dólares que Meta está inyectando en la propia compañía para dar carta de naturaleza a su división de metaverso, es una seña de identidad de cómo este nuevo universo virtual está generando numerosas expectativas que, como todo, pueden cumplirse o no, y en el caso de cumplirse, con un período de maduración necesario para que no sea un fracaso.

Se espera, además del CMEO y PMP, que otros perfiles relacionados directa o indirectamente con el metaverso sean ampliamente requeridos. Las consultoras de reclutamiento (*recruitment*) serán también muy necesitadas en los primeros años de consolidación del metaverso, puesto que serán aquellas que busquen a este tipo de expertos y especialistas en áreas complementarias que desarrollen una o varias partes del metaverso, y por tanto del entorno virtual. Entre estos nuevos perfiles estarán, al menos, estos quince que se detallan a continuación:

1. Constructor de mundos 3D.

2. Ingenieros, desarrolladores y arquitectos de *hardware*.

3. Arquitectos de infraestructuras AR/VR (realidad aumentada, realidad virtual).

4. Investigadores de comportamiento (*psicoleaders*).

5. Diseñadores 3D.

6. Desarrolladores de historias (*storytelling*)

7. Planificadores de estrategia.

8. Embajadores de marca (*metambassador*).

9. Arquitectos de *marketing.*

10. Especialistas en Inteligencia Artificial.

11. Expertos en *big dataverse* (*big data* aplicado al metaverso).

12. Expertos en *small dataverse* (*small data* aplicado al metaverso).

13. Especialistas y consultores en ciberseguridad virtual/digital.

14. Diseñadores de interiores.

15. *Ourist Manager* (gestores de experiencias de viajes y turismo).

Ahora bien, tenemos que balancear la ecuación el metaverso. Podríamos hablar de aplicar la **teoría de suma cero.** Se llama así porque si se suma el total de las ganancias de los participantes en un juego y se restan las pérdidas totales el resultado es cero. La suma cero es un caso especial del caso más general de suma constante donde los beneficios y las pérdidas de todos los jugadores (*players* o actores) suman el mismo valor, porque se gana exactamente la cantidad que pierde el oponente. Cortar una tarta es de suma constante o cero porque llevarte un trozo más grande reduce la cantidad de tarta que les queda a los demás. Situaciones donde los participantes pueden beneficiarse o perder al mismo tiempo, como el intercambio de productos entre una nación que produce un exceso de naranjas y otra que produce un exceso de manzanas, en la que ambas se benefician de la transacción, se denominan "de suma no nula".

Pues bien, sería de aplicación en el metaverso. El volumen de ganancias que puede producir en cuantía global, será la misma cantidad que se demande por parte de consumidores, clientes y usuarios, que se contarán por miles de millones, lo que exigirá una oferta competitiva suficiente para dar respuesta a la ingente demanda de productos y servicios virtuales, muchos de ellos conectados indefectiblemente al mundo real.

Incluso es posible que el entorno virtual del metaverso, "salte" de forma inexorable al mundo real cuando se necesite reajustar o sincronizar ambas realidades.

Aspectos negativos (miserias)

Entre los aspectos negativos más importantes que podría tener este nuevo concepto "metavérsico", sin duda alguna, y muy por encima de otros, estaría la posible pérdida de identidad humana.

Cuando hablamos del concepto "identidad humana", es necesario ponerlo en contexto. Si partimos de la premisa de que los juegos virtuales actuales, además de un exceso de dependencia de dispositivos, redes virtuales y sobre todo tiempo, son los que van reclamando más atención y retención con respecto al mundo real, la pérdida progresiva y paulatina del contacto humano parecería una seña de identidad inequívoca del metaverso, y que sería necesario revertir para impedir una legión de usuarios con más tiempo en un entorno virtual que en un entorno real.

Las "pérdidas" en ese sentido son más que evidentes:

- Desconexión del entorno humano cercano.
- Pérdida de estímulos de contacto físico y social.
- Dependencia de sensaciones que en el mundo real serían más difíciles de obtener.
- Mayor desgaste físico y mental.

- Necesidad de disponer de más capacidad económica para mantener una rutina existencial en el metaverso.

- Reducción de la capacidad para desarrollar tareas profesionales en el mundo real, por hastío de este o por mejor valoración del metaverso como instrumento de ocio y/o conocimiento.

- Menor motivación por realizar las mismas tareas en el mundo real sobre una propuesta más rica en emociones y multiexperiencias.

Y se podría seguir con unos cuantos más. Pero por otro lado, tampoco debemos elevar esta negatividad o predisposición negativa para con el metaverso, cuando no hemos podido procesar, todavía, estadísticamente, estos aspectos negativos.

Como contrapunto quizá a este uso indebido o no demasiado correcto, tenemos iniciativas que intentan salvaguardar una conexión fluida entre realidad virtual y mundo real. "Levanta la cabeza" es la campaña de Responsabilidad Social Corporativa de Atresmedia por un uso responsable de la tecnología. Su pretensión: involucrar a la sociedad de forma activa en el movimiento. Según sus propios estudios, "la tecnología se ha instalado en nuestras vidas y ha cambiado la forma en que nos relacionamos, la manera en que vemos el mundo e incluso nuestros hábitos. El planeta se está transformando". Como reflexiones ciertamente interesantes, señalan que "el 70 % de la población mundial tiene teléfonos móviles y más de 4 000 millones tienen acceso a internet". Y las preguntas que se hacen son portadoras de una lógica aplastante. "¿Estamos ante el fin de la conversación? ¿Afectará la tecnología a nuestras capacidades cognitivas? ¿Estamos perdiendo la individualidad? ¿Qué pasa con nuestra privacidad?".

Ciertamente, el metaverso ofrece una dualidad: desconexión temporal de nuestro mundo real y conexión temporal a un mundo (nuestro) virtual. El desfase o diferencia entre ambos tiempos, podría ser la clave. Al menos, no dedicar más tiempo al metaverso de lo que dedicamos al mundo real, donde realizamos cientos de tareas diferentes, difícilmente replicables en el metaverso.

Pero hablar de "miserias" quizá sería algo injusto. Posiblemente sea más correcto o adecuado hablar de riesgos, pero, ¿por qué? **¿Cuáles son los riesgos del metaverso?**

Aunque en el siguiente capítulo se valorará el riesgo desde el punto de vista de la inversión en este nuevo mundo virtual y por tanto de la obtención de un beneficio proporcional al riesgo adquirido, en este caso me refiero a los riesgos inherentes a la "desconexión" de la realidad.

Hemos comprobado, por ciencia y experiencia, que un uso incorrecto o demasiado extenso de los mundos virtuales (sobre todo para ocio), puede acarrear diversos problemas, sobre todo en unas edades más complicadas desde el punto de vista sociológico, por su importancia en el desarrollo de la personalidad y las relaciones sociales, como es la horquilla de entre los 10 y los 25 años de edad.

Las patologías que se pueden adquirir por un uso prolongado y poco consciente del mundo virtual, pueden ser un verdadero lastre para una sociedad. **ComScore** publicó en 2017 un libro blanco (de libre acceso previo registro) titulado *Jerarquía de las necesidades móviles.* Se trataba de un informe que agrupaba datos sobre usos y niveles de consumo de los dispositivos móviles en nueve mercados, a saber: España, China, Estados Unidos, Canadá, Reino Unido, Italia, Brasil, México e Indonesia. Este documento comparaba, con el adecuado nivel de énfasis en el caso español, los datos obtenidos a través de los paneles de consumo de ComScore con datos de otras consultoras que colaboraron con la compañía en los citados mercados durante la vigencia del estudio.

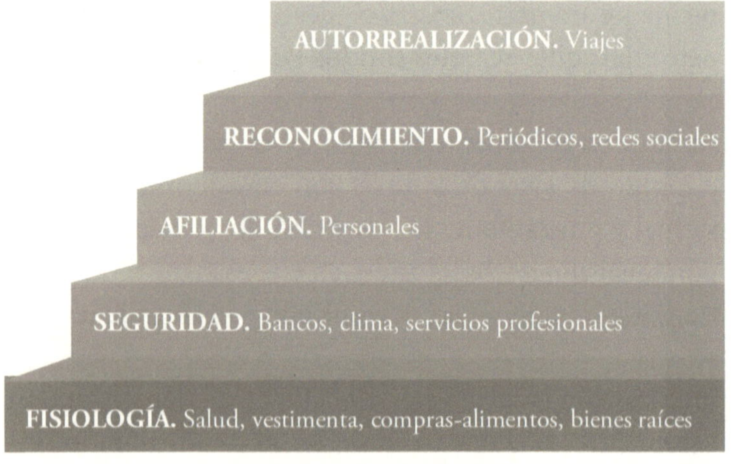

Pirámide de Maslow

La comparación tomaba como base la pirámide de las necesidades que Maslow teorizó en los años cuarenta. Según el autor, es posible agrupar y jerarquizar las necesidades humanas en cinco grandes grupos o peldaños de una pirámide (desde la base hasta la cúspide). El objetivo que perseguía ComScore con ese informe era "mostrar la estrecha relación entre usuarios, dispositivos y necesidades o usos, teniendo en cuenta la diversificación del producto móvil (en forma de aplicación) en mercados como el de la alimentación, la salud o el financiero". Este fenómeno fue bautizado por ComScore como la era *app*.

Si ahora extrapolamos los dispositivos básicos para el metaverso como son las gafas 3D, los guantes y los cascos, para obtener una máxima intensidad de la realidad virtual y aumentada, posiblemente se entiendan mejor los riesgos a los que se pueden enfrentar diversos colectivos que, por sus edades o quizá también por sus debilidades, pueden encontrar en el metaverso un lugar muy diferente de su mundo real, donde realicen (o al menos lo intenten) todas sus fantasías e ilusiones.

El informe se puede obtener de la siguiente dirección web:

https://observatoriocibermedios.upf.edu/jerarquia-necesidades-moviles-comscore

Sin riesgo no hay beneficio

"Metaverso se convirtió en la palabra de moda desde el día en el que Facebook cambió su nombre por el de Meta". Esta frase, de **iproup.com,** encierra la visión más práctica de cómo el metaverso se ha convertido en la gallina de los huevos de oro (aunque esos huevos sean ciertamente delicados).

Uno de los mayores espaldarazos al fenómeno "metavérsico" lo dio el fundador de Microsoft, Bill Gates, en diciembre de 2021. Indicó expresamente que "la mayoría de las reuniones virtuales se trasladarán al metaverso dentro de tres años, y los trabajadores interactuarán utilizando visores de realidad virtual y avatares digitales". Que sea cierto o no, o que lo primero pase más pronto o más tarde, lo iremos viendo. Lo que no podemos obviar es una realidad: que ya se están celebrando bodas, desfiles de moda y conciertos de música en el metaverso, lo que eleva de forma sostenible los precios (la presencia virtual) de las propiedades digitales a millones de dólares (o por ser más precisos, a la criptodivisa que finalmente se erija en la reina del metaverso).

Varias casas de analistas, como por ejemplo **Morgan Stanley,** sostienen que "el gasto de los consumidores estadounidenses podría redireccionarse para monetizarlo dentro del metaverso, y su importe ya se sitúa por encima de los U$8300 millones. Otros analistas estiman que el tamaño de los mercados relacionados con el metaverso ya supera la nada despreciable cifra de U$2000 millones y creciendo".

Como dice la consultora **Bernstein,** "el metaverso es evolutivo, pero no revolucionario, todavía". ¿Esto quiere decir que ya se le presupone un futuro prometedor como el resto de tecnologías habilitantes de cambios evolutivos y algo drásticos sobre sus antecesoras? Pues la respuesta es que, probablemente, así sea.

Si entendemos el metaverso como una progresión natural de las tecnologías actuales, parecería lógico entonces decir que el principal riesgo para las organizaciones, sería, probablemente, no estar, o incluso peor aún, llegar tarde.

Parecería por tanto de una lógica aplastante, que mientras la tecnología evolucione, cerrando la brecha entre nuestras realidades digitales y físicas, el metaverso se volverá más funcional y fluido, y por tanto, accesible, que es la piedra angular de la manifestación exitosa de cualquier revolución tecnológica.

Si vemos el metaverso como un modelo de curva de evolución de las tecnologías que lo sostienen, estaríamos en la primera parte o fase de la curva, donde, como bien se conoce, todavía solo los *early-adopters* son los que creen ciegamente (y usan) ese ecosistema, en nuestro caso, el metaverso.

Lo que sí parece evidente es que la curva comenzará a elevarse, y una mayor adopción de este metaverso incrementaría de forma sustancial los ingresos en diferentes mercados dentro de este ecosistema virtual, que arrastraría inequívocamente a un elevadísimo número de organizaciones y empresas que ya vean una mínima madurez en el metaverso como para arriesgar y ponerse a favor del viento de su evolución.

Tres son los riesgos de no estar en el metaverso:

- No participar de un mercado multimillonario los próximos 20 o 30 años.

- Tener que desembolsar mayor cantidad de inversión y por tanto un menor margen o rentabilidad.

- Pérdida de oportunidades para la marca que posiblemente se verá minusvalorada con respecto a los creadores de mercado en el metaverso o desplazamiento del mercado, que incluye la posibilidad de desaparición.

A medida que la tecnología evolucione intentando cerrar la brecha entre nuestras realidades digitales y físicas, el metaverso se volverá más funcional y fluido.

Los expertos de la firma **Jefferies** con Simon Powell a la cabeza, indicaron que "el metaverso podría ser la mayor disrupción que los humanos hayan experimentado jamás, y que conducirá a la digitalización de todo". Como principio, puede asustar, pero es muy posible que lleven una importante parte de razón. Si bien Powell espera que el metaverso "abarque eventualmente todos los aspectos de las actividades humanas", también estima que la adopción generalizada ya ha comenzado con tres áreas específicas:

- Los juegos.
- El entretenimiento.
- Las redes sociales.

Otro riesgo importante de no participar activamente, y sobre todo en los primeros albores del metaverso, sería quedarse relegado a la nada. Si esta apuesta es creíble, y con un nuevo modelo revolucionario de internet logra enganchar a miles de millones de usuarios, es muy posible que las principales marcas, organizaciones y multinacionales poderosas en el mundo real, pierdan su puesto de privilegio, y lo que es peor, ya no puedan replicarlo o tarden demasiado en hacerlo en el metaverso. Y el tiempo de espera, posiblemente suponga miles de millones de dólares de pérdidas.

Pongamos un ejemplo. Una empresa o grupo de telecomunicaciones que posee una televisión con emisión digital. Evidentemente, los nuevos nómadas digitales no ven las cosas como antes. La televisión para ellos es una caja sin ninguna utilidad, cuando sus dispositivos son suficientes para cualquier cada generalista, película o serie de Netflix. Por tanto, una adopción de sus competidores muy rápida como estrategia de diferenciación, pero también de evolución en el metaverso, podría suponer un golpe de efecto altamente competitivo, que arrojase para un determinado grupo, una apuesta ganadora. Y ya sabemos que el que golpea por primera vez, golpea dos veces.

Costes de estar y de no estar en el metaverso los próximos 18 meses

Quizá el principal coste de no estar en el metaverso como ecosistema de crecimiento sea posiblemente "no estar". Me explico. Al igual que ocurrió en el año 2000 con la presencia en internet, no fue un verdadero problema de estrategia hasta que el modelo de gestión, información y compra de productos y servicios de internet se consideró un estándar de las organizaciones y un elevadísimo riesgo de no ser considerada como opción para su propio mercado. A partir de aquí, los costes de no estar en el metaverso podrían considerarse, en el medio plazo, un riesgo demasiado elevado de asumir.

Sí, es cierto que serán necesarias unas mínimas inversiones en los próximos 18 meses para, al menos, tener una presencia estable y algo más que la mera presencia mínima, al igual que pasó con miles de organizaciones y empresas en todo el mundo con el advenimiento de las redes sociales en la primera década del siglo XXI, por ejemplo, Facebook. Se puso de moda, efectivamente, pero no fue suficiente para que las empresas multiplicaran sus ventas, ingresos y beneficios, como creyeron a pie juntillas que ese internet les iba a proporcionar.

La corriente que está provocando el metaverso es de momento silenciosa. No existe demasiado revuelo; eso sí, algunas organizaciones quieren adelantarse al resto y comenzar a tener una presencia algo más que testimonial.

De momento, no se vende casi nada en el metaverso. Básicamente es un territorio de negocio para el ocio, sobre todo *gaming* y espectáculos. Pero son sectores que en el metaverso ya está moviendo miles de millones de dólares, y se espera que esas cifras se multipliquen por 10 o por 100, en los próximos meses.

¿Cuánto sería la inversión mínima inicial para disponer de una presencia en el metaverso y desarrollar productos y servicios? Pues lo cierto es que no existe una inversión igual para todas las organizaciones, aunque quizá sí para un mismo sector. Como veremos en un capítulo más adelante, la inversión podría ser considerada irrisoria para el potencial que el metaverso ya nos está mostrando.

A día de hoy, posiblemente no sea necesario una inversión superior al 1 % del balance de una sociedad. Esto no quiere decir que una organización no pueda realizar una inversión mucho mayor, pero hay que entender que el ROI (*return on investment*) o retorno de la inversión, tendrá siempre dos componentes: una cualitativa, que aunque se puede medir el impacto desde el punto de vista de captación de clientes, presencia en el metaverso, poder de atracción y otra serie de KBI's (*key behavior indicator* o indicador clave de comportamiento) específicos, el mayor retorno se producirá, de forma paulatina, en modo económico o cuantitativo. Esto es así debido a la componente directa que supondrá la entrada de flujos de pago procedentes de las actividades directas e indirectas que realice la organización en internet.

Pero para verlo más claro, un ejemplo es suficiente. Pongamos el caso de una *Proptech* o *Realtech* (empresa especializada en el sector inmobiliario y afines en formato digital, pero con presencia en el mundo real) que desea convertirse en una consultora en el metaverso para sus clientes digitales y virtuales. Lo primero es estar. Por tanto, no podría (o debería) realizar operaciones de compraventa de bienes virtuales en el metaverso, sin la credibilidad de estar en el metaverso. Esto supondría disponer de un presupuesto de inversión, que se podría detallar de la siguiente forma:

1. **Compra de espacio físico o sede en el metaverso.** Esta inversión dependerá del metaverso específico donde se adquiera la propiedad, ya sea en Meta o en uno propio. Esta decisión es muy importante, dado que en gran medida, dependerá de que estemos en un metaverso con más organizaciones y empresas, como puede ser Meta, a un precio sensiblemente inferior al de una compra en nuestro propio metaverso o en otro que se cree, donde el principal valor será el poder de atracción de clientes del mundo real del mundo virtual, pero también de los potenciales por negocio cruzado. El coste en dólares, para homogeneizar el tema de costes de inversión, podría alcanzar los 250 000 por apenas

unos 200 metros cuadrados virtuales construido. Luego tocaría otros aspectos como mobiliario virtual, de mucha importancia como escaparate comercial.

2. **Personal.** Obviamente, y de momento, este "personal" será totalmente virtual. Hasta que las máquinas puedan realizar tareas humanas cercanas al 100 % de lo que haría una persona física, se necesitarán empleados para gestionar los activos inmobiliarios. Pongamos que en una primera fase, con una única persona, podríamos gestionar perfectamente los primeros pedidos. Un coste de aproximadamente 60 000 dólares estaría dentro de lo razonable.

3. **Infraestructura tecnológica.** Ya sea en un metaverso propio o "alquilado" a un metaverso ya creado, como el que propondrá Meta en los próximos meses, lo importante es dotarse de una estructura técnico-tecnológica adecuada al salto virtual. Será imprescindible acercar al cliente físico al metaverso de la compañía **Inmotech.** Lo ideal es adquirir equipo formado por guantes, casco y gafas 3D, y al menos contar con un mínimo de diez equipos completos. Cada equipo formado por los tres dispositivos anteriormente mencionados, tiene un coste en mercado cercano a los 1 000 dólares, así que propondríamos un presupuesto de 10 000 dólares.

4. **Publicidad, *marketing* y gestión de promociones.** Ahora tocaría atraer a clientes y potenciales clientes al mundo virtual de la inmobiliaria. No es tarea fácil, por

supuesto, dado que es un mundo algo irreal de momento e incluso claramente denostado por muchos actores del ámbito tecnológico. Teniendo en cuenta que no deberíamos únicamente contar con un presupuesto de salida, sino anual, para dar cobertura a un primer año en el metaverso, esta inversión, capital por otro lado para darse a conocer, podríamos situarla en el límite de los 50 000 dólares. Solo el tiempo nos dirá si ha sido excesiva o corta, pero como primera aproximación parece suficiente.

5. **Alianzas.** Será preciso igualmente proponer alianzas, acuerdos o convenios con otros actores del metaverso de los que podamos realizar un modelo *win-win,* ya sea como prescriptores, *sponsors* o *partners.* Añadamos por tanto una inversión de otros 50 000 dólares para este capítulo.

Cerramos así este primer presupuesto en el metaverso. Es posible que una consultora especializada en el metaverso pudiese acercarnos el conjunto de esta inversión a un valor más real, eso sí, pasando por caja, dado que una consultora en este ámbito del metaverso podría llevarse un buen pellizco, entre los 10 000 y 20 000 dólares.

Si añadimos todos los capítulos anteriormente citados, la cifra que obtenemos sería de unos aproximadamente de **440 000 dólares.** Quizá se antoje una cifra excesiva para una "aventura" como esta. Quizá sea cierto. A este presupuesto de inversión deberíamos ponerle un ± 10 %, dado que siempre podemos encontrarnos con precios o costes por servicios o productos según el proveedor elegido. Es más, quizá podríamos realizar nuestra primera incursión al metaverso, siendo un poco más modestos o cautos, reduciendo la misma hasta la mitad, unos 220 000 dólares, sin reducir en exceso los objetivos y retos, tanto cualitativos como cuantitativos.

En todo caso, el mayor coste de inversión hoy por hoy, entre el 60% y el 70%, lo sustenta la inversión de espacio en el propio metaverso.

Eso sin contar que deberemos disponer de equipamiento avanzado tecnológicamente, con una apuesta decidida por alguna o varias tecnologías que nos provean de poder tecnológico, ya sea *IA*, realidad aumentada, realidad virtual, *big data* y por supuesto *blockchain,* para explotar al máximo todo el poder que encierra, *a priori,* este extenso y rico metaverso.

Construye tu propio metaverso (o copia al mejor)

La cuestión de "copiar" algo, ya sea una idea, un producto o un servicio, o incluso una combinación de las tres, reconozco que no es una buena opción, pero sí podría serla, si no contamos con una estrategia ganadora en el metaverso. Más tarde hablaré de este sistema, no muy bien visto, pero que ha demostrado ser exitoso y una clara ventaja competitiva.

Pero si como organización quieres embarcarte en esta aventura "metavérsica" con tus propios recursos, tienes que seguir leyendo. Construir un metaverso no es una tarea difícil, pero tampoco fácil. Me explico. Parte de la idea fundamental (como la que se realizó hace veinte años para tener presencia digital en una red social como Facebook) de querer formar parte de este universo virtual de forma consciente y definitiva. No es una apuesta loca ni menos una moda, como muchos expertos están manifestando. Y también podría ser un fracaso, si no se consolida en los próximos 24 meses.

Lo que parece fuera de toda duda es que no podemos estar en el metaverso simplemente figurando, sino participando activamente de sus posibilidades, ventajas y beneficios.

Y para construir nuestro propio metaverso no solo necesitamos la parte financiera y económica y el presupuesto de inversión previo necesario. Tenemos que realizar una apuesta clara y rotunda. Posiblemente, antes de comenzar, como organización o empresa, tendremos que analizar si sería buena idea disponer de los nuevos perfiles que el metaverso está creando. De momento, el de **MPM** (*metaverse product manager*) o **CMEO** (*chief metaverse officer*). Muy posiblemente en los próximos meses, tanto el primero como o el segundo (incluso ambos al mismo tiempo) ya no sea solo una apuesta decidida por el metaverso, sino una necesidad explícita de que estos roles profesionales empoderen a la organización a obtener los máximos beneficios del metaverso.

Y quedará, por supuesto, la necesidad de construir virtualmente ese mundo y enriquecerlo de todo tipo de experiencia en línea con nuestro modelo de negocio virtual. Unity 3D o Unreal Engine parecen las plataformas de gestión y creación de mundos inmersivos más conocidas y extendidas del momento. Lo ideal sería contar con el apoyo de al menos dos programadores de diseño 3D y mundos virtuales, que conozcan y puedan programar en ambos lenguajes. Más ideal todavía, disponer de un arquitecto o desarrollador con visión global y enfocada al cliente del mundo que construiremos para hacernos conocer.

Es muy posible —vamos, casi una certeza— que Meta pueda convertirse, no sabemos todavía si gratuitamente o con un cierto coste de entrada, en el proveedor de servicios como constructor y arrendador de nuestro mundo virtual, más o menos como una nube o *cloud* de servicios de metaverso. Queda tiempo para conocer los posibles costes y los servicios y productos que nos puedan brindar. Esto, como es lógico, abarataría bastante los costes de entrada y el presupuesto original descrito en el capítulo anterior. En nuestra mano quedará la mejor opción. Por supuesto, y dado que no soy vidente, no sé cuál sería la mejor opción, incluso las dos, dado que está demostrado que la seguridad de la antigua Facebook deja mucho que desear.

La seguridad será un capítulo de extrema importancia en el metaverso en los próximos meses, aunque ya lo es, cuando el desembarco en el mismo sea generalizado.

Construir tu propio metaverso o replicar uno de éxito (o de presumible éxito) es una decisión que deberás tomar tú. En todo caso, mide siempre los pros y contras de ambas opciones, antes de tomar una decisión que podría suponer el éxito o el fracaso en este nuevo mundo que se abre ante tus ojos.

Si no lo tienes claro, el mejor consejo es esperar y ver. Pero luego y rápidamente, actuar.

Conclusiones

Toca despedirse. Lo primero es agradecerte que hayas adquirido este libro, o al menos lo hayas leído. Sus objetivos desde el principio han estado muy claros: poner ante tus ojos una idea general, con cierto nivel de detalle, de las maravillas de este universo virtual, que o bien ha venido para quedarse, o será un moda pasajera "a lo Second Life" que cada 5 o 10 años, vuelve con fuerza para intentar encontrar su minuto de gloria, pero que dure décadas.

En el momento de escribir este libro, en plena invasión de Rusia sobre Ucrania, me acuerdo de un buen amigo que hace unos veinte años se arruinó con un negocio de drones. Ya le decía yo: "Pero Carlos, ¿quién quiere un dron en su vida? ¿Solo para hacerlo volar los fines de semana? Nadie pagará un duro por ellos, ¡aunque son una virguería!". Ya imaginarás que tuvo que cerrar su local y malvender sus hermosos, majestuosos e incluso espectaculares drones, con una pérdida de más del 80 % de su inversión (que por cierto, nunca me dijo cuánto fue). Lo cierto es que, dada la situación, no juzgué oportuno preguntárselo. Hoy, desde Dubái, donde me encuentro por negocios y ocio (precisamente del metaverso), estoy leyendo la siguiente noticia: "Switchblade: los 100 drones kamikaze de EE. UU. que pueden dar la ventaja definitiva a Ucrania". Evidentemente, toda inversión es una apuesta, y depende en gran medida de factores invisibles que ni conocemos ni manejamos. Lo que es cierto, sin ninguna duda, es que el ser humano es capaz de lo mejor y de lo peor. Y visitando el mundo real de la Marina Mall de Dubái, con esos inmensos edificios, yates espectaculares de decenas de metros de eslora o los atractivos (y caros) restaurantes donde pagas a gusto un +200 % por un cóctel mirando a la bahía, me llego a imaginar cómo sería todo el complejo de millones de kilómetros cuadrados en el metaverso. Y vaya, suena bien, muy bien. Tener lo mejor del mundo real, y si no puedes estar, al menos, poder sentirlo adentrándose en los píxeles del mundo 3D que recreará, con todo lujo de detalles, otra realidad, también sensible y "tangible", y paralela, de múltiples posibilidades.

Ya el propio proyecto NEOM de Arabia Saudita iniciado en 2019, de más de 500 000 millones de dólares de inversión, para construir una nueva ciudad inteligente de 26 kilómetros cuadrados, habla a las claras de la necesidad de seguir creciendo y construyendo mundos. Y estoy convencido de que, más pronto que tarde, también tendrá su propio metaverso.

Y tú, ¿no le darías una oportunidad al metaverso?

Te dejo. Voy a terminar de escribir este libro en la terraza de un bergantín de la compañía Xclusive Yachts, mientras la noche, con sus miles de luces, colores y sensaciones, me envuelve con un mágico manto, que mezcla múltiples realidades. Ya son las 00:25 de la noche aquí en Dubái. Me invade el sueño. ¿Soñaré con el metaverso?

Nuestras colecciones

Guías para todos aquellos que deseen ampliar sus conocimientos sobre asuntos específicos, grandes personajes, épocas, culturas, religiones, etc., ofreciendo al lector una amplia y rica visión de cada una de las temáticas, accesibles a todos los lectores.

Guías para gestionar con éxito un negocio, vender un producto, servicio o causa o emprender. Pautas para dirigir un equipo de trabajo, crear una campaña de *marketing* o ejercer un estilo adecuado de liderazgo, etc.

Guías para optimizar la tecnología, aprender a escribir un blog de calidad, sacarle el máximo partido a tu móvil. Orientaciones para un buen posicionamiento SEO, para cautivar desde Facebook, Twitter, Instagram, etc.

Guías para crecer. Cómo crear un blog de calidad, conseguir un ascenso o desarrollar tus habilidades de comunicación. Herramientas para mantenerte motivado, enseñarte a decir NO o descubrirte las claves del éxito, etc.

Guías prácticas dirigidas a la salud y el bienestar. Cómo gestionar mejor tu tiempo, aprenderás a desconectar o adelgazar comiendo en la oficina. Estrategias para mantenerte joven, ofrecer tu mejor imagen y preservar tu salud física y mental, etc.

Guías prácticas para la vida doméstica. Consejos para evitar el *cyberbulling*, crear un huerto urbano o gestionar tus emociones. Orientaciones para decorar reciclando, cocinar para eventos o mantener entretenido a tu hijo, etc.

Guías prácticas dirigidas a todas aquellas actividades que no son trabajo ni tareas domésticas esenciales. Juegos, viajes, en definitiva, hobbies que nos hacen disfrutar de nuestro tiempo libre.

Guías para aprender o perfeccionar nuestra técnica en deportes o actividades físicas escritas por los mejores profesionales de la forma más instructiva y sencilla posible,

Participa en el **Club GuíaBurros** para estar informado de las últimas novedades editoriales y disfrutar de las ventajas, promociones y condiciones especiales de los socios de nuestro club.

Puedes encontrar toda la información en:

www.guiaburros.es
www.editatum.com

Puedes seguirnos también en Youtube y en nuestras redes sociales:

facebook.com/guiaburros

www.youtube.com/c/GuíaBurros

@ guia_burros

@guiaburros

Libros para crecer

www.editatum.com

www.ingramcontent.com/pod-product-compliance
Lightning Source LLC
LaVergne TN
LVHW101945220826
846093LV00006B/114

* 9 7 8 8 4 1 9 1 2 9 3 8 3 *